Heidegger und Parmenides

Günther Neumann

Heidegger und Parmenides

Das Denken Martin Heideggers I 2

herausgegeben von
Hans-Christian Günther †
fortgeführt von Ivo De Gennaro
und Gino Zaccaria

Bibliografische Information der Deutschen Nationalbibliothek:
Die Deutsche Nationalbibliothek verzeichnet diese Publikation in der Deutschen Nationalbibliografie; detaillierte bibliografische Daten sind im Internet über ‹http://www.dnb.de› abrufbar.

Coverfoto:
https://upload.wikimedia.org/wikipedia/commons/0/0d/Busto_di_Parmenide.jpg

Nachweis:
Büste des Parmenides, ausgegraben 1969 in Velia, Unteritalien, aus dem 1. Jahrhundert n. Chr. mit der Inschrift des Sockels: ΠΑ[Ρ]ΜΕΝΕΙΔΗΣ ΠΥΡΗΤΟΣ ΟΥΛΙΑΔΗΣ ΦΥΣΙΚΟΣ (Parmenides, Sohn des Pyres, Naturforscher) (Ausgestellt im archäologischen Bereich von Elea Velia in Acea, Kampanien, Italien)

99734 Nordhausen 2024
ISBN 978-3-68911-013-0

Inhalt

Einleitung

§ 1 Vorbemerkung

In Heideggers Text ‚Aus einem Gespräch von der Sprache. Zwischen einem Japaner und einem Fragenden‘ (1953/54) heißt es: „Das Bleibende im Denken ist der Weg. Und Denkwege bergen in sich das Geheimnisvolle, daß wir sie vorwärts und rückwärts gehen können, daß sogar der Weg zurück uns erst vorwärts führt.“[1] Der „Weg zurück“ führte Heidegger bis zu den Anfängen des abendländisch-europäischen Denkens, zu Anaximander, Parmenides und Heraklit.

Mit Parmenides befasste sich Martin Heidegger vom Beginn bis zum Ende seines philosophischen Lebensweges immer wieder. In seinem ‚Colloquium über Dialektik (Muggenbrunn am 15. September 1952)‘ bemerkt er rückblickend, dass er sein „erstes Kolleg“ (im Wintersemester 1915/16 in Freiburg i.Br.) über das Fragment B 3 (früher B 5) des Parmenides hielt.[2] Noch in seinem letzten Seminar in Zähringen 1973 kommt es Heidegger besonders darauf an, „ins rechte Hören auf Parmenides zu gelangen“.[3]

Parmenides ist für ihn „der eigentliche Begründer der antiken Ontologie“[4], gemeinsam mit Heraklit der „Stifter alles Denkertums“[5]. Der Freiburger Klassische Philologe Hans-Christian Günther (1957–2023), der Begründer dieser Reihe *Das Denken Martin Heideggers*, bemerkt dazu:

„In Parmenides wird zum ersten Mal im griechischen Denken die Frage nach dem Sein explizit unter dem Wort ‚Sein‘ gestellt, und dies geschieht, wie wir sehen werden, zugleich unter expliziter Nennung dessen, was sich in der ontologischen Differenz, als die sich im Seienden verbergende Natur des Seins verfestigend ma-

---

[1] Heidegger *GA* 12: 79–146, 94; vgl. auch *GA* 35: 46; vgl. dazu Harries (1996).

[2] Heidegger *GA* 86: 745–763, 760; vgl. Bremmers (2004): 467, Anm. 17. Eine Übersicht der Parmenides-Stellen in der *Martin Heidegger Gesamtausgabe (GA)* geben: Jaran – Perrin (2013): 211; Unruh (2017): 577 f. Wichtige Literaturhinweise zu Heideggers Parmenides-Rezeption gibt: Caputo (2001): 233–235; vgl. auch Neumann (2006b): 204–241; ferner die kommentierte Bibliographie zu den Vorsokratikern von Navia (1993); Cordero (2005); A. Dunshirn, ‚Neuere Literatur zu Parmenides‘, in: Parmenides (2016): 231–251; Vorsokratiker (2013): 439–443; Vorsokratiker (2021): 784–814;. Eine jeweils aktualisierte Zusammenstellung der *Martin Heidegger Gesamtausgabe* (‚Update on the *Gesamtausgabe*‘) (einschließlich der englischen, französischen, italienischen und spanischen Übersetzungen) wird im Rahmen der vom Verfasser herausgegebenen viersprachigen, interationalen Zeitschrift *Heidegger Studies / Heidegger Studien / Études Heideggeriennes / Studi Heideggeriani* einmal jährlich veröffentlicht.

[3] Heidegger *GA* 15: 372–400, 395.

[4] Heidegger *GA* 24: 154.

[5] Heidegger *GA* 40: 145.

nifestiert. Parmenides spricht dezidiert im Infinitiv und im Partizip (ἐὸν ἔμμεναι, fr. 6).“[6]

In Heideggers Freiburger Vorlesung vom Sommersemester 1922 heißt es in § 25 zu Parmenides:

„Als geistesgeschichtliches (mehr: schicksalentscheidendes) *Paradigma* für die Fragwürdigkeit und Unmittelbarkeit der ursprünglichen Seinsbegegnung steht die eleatische These [ἓν τὰ πάντα] am Anfang *der* Philosophie- und Lebensauslegungsgeschichte, die wir selbst sind.“[7]

Später kommt noch Anaximander hinzu. In der Freiburger *Parmenides*-Vorlesung vom Wintersemester 1942/43 heißt es dann: „Anaximander, Parmenides und Heraklit sind die einzigen anfänglichen Denker.“[8] Dabei ist Anaximander der „erste anfängliche Denker“[9].

Nach der Darlegung des Philosophiehistoriker Wolfgang Röd wurde Parmenides – unter Bezugnahme auf Platons Dialog *Parmenides* (127 a–c) – „aller Wahrscheinlichkeit nach um das Jahr 515“ (v. Chr.) in dem von griechischen Emigranten in Unteritalien gegründeten Elea (= Velia) geboren.[10] Die Einflüsse auf sein Denken sind bis heute umstritten. Heidegger wendet sich gegen das „übertriebene[] Rekurrieren[] auf die Pythagoreer, wo die Quellen versagen und die Hypothesen das Wort haben.“[11] Erwähnenswert ist noch, dass Parmenides wohl politisch aktiv war und in seiner Vaterstadt Elea als Gesetzgeber wirkte.[12]

Was die historischen Quellen des parmenideischen Lehrgedichtes und die verschiedenen Auflagen der *Fragmente der Vorsokratiker* von Diels – Kranz betrifft, sei auf die zusammenfassende Darlegung von Néstor-Luis Cordero verwiesen.[13]

Die umfassendste und eingehendste Untersuchung zu Heideggers späterer Parmenides-Auslegung (ab 1932) ist immer noch die Heidelberger Dissertation (1977) von Jochen Schlüter mit dem Titel *Heidegger und Parmenides. Ein Beitrag zu Heideggers Parmenidesauslegung und zur Vorsokratiker-Forschung*.[14] Zur frühen

[6] Günther (2017): 91.
[7] Heidegger *GA* 62: 209, vgl. 230; ferner Anhang III, 371 f. Zum Fragment B 3 heißt es in der Freiburger Vorlesung vom Sommersemester 1923: „Die erste Deskription [für ein bestimmt gerichtetes theoretisches Betrachten der Welt] steht, wie alle überlieferte Ontologie und Logik, innerhalb der ungeschmälerten Wirkungssphäre *des* Schicksals, das sich mit *Parmenides* für unsere Geistes- und Daseinsgeschichte bzw. deren Interpretationstendenz entschieden hat: τὸ γὰρ αὐτὸ νοεῖν ἐστίν τε καὶ εἶναι [Frgm. B 3 (früher B 5)]; dasselbe ist vernehmendes Vermeinen und Sein.“ (Heidegger *GA* 63: 91).
[8] Heidegger *GA* 54: 10.
[9] Heidegger *GA* 54: 2.
[10] Röd (2009): 115; ebenso Parmenides (2016): 39.
[11] Heidegger *GA* 62: 212.
[12] Vgl. Parmenides (2016): 39.
[13] Cordero (1987).
[14] Schlüter (1979); vgl. auch Neumann (2009a).

Auslegung hat der Verfasser zwei Untersuchungen vorgelegt.[15] Heideggers Auslegungen des parmenideischen Lehrgedichtes sind vielfältig und umfassen eine große Zahl von Fragmenten, die in der Dissertation von Schlüter auf knapp 400 Seiten behandelt werden. Zudem ist auch der Wandel von Heideggers Auslegung der Fragmente zu bedenken, wie ebenfalls Schlüter bemerkt: „Mit dem Wandel von H[eidegger]s Erfahrungen von Sein, Denken, Wahrheit usw. wandelte sich, wie sich immer wieder zeigte, entsprechend auch seine Parmenidesauslegung."[16] Damit wird deutlich, dass im vorliegenden Handbuch ein vollständiger Überblick über die vielfältigen Parmenides-Auslegungen Heideggers in zahlreichen Vorlesungen, Vorträgen, Seminaren und Abhandlungen während seiner gesamten Lehrtätigkeit nicht gegeben werden kann. Vielmehr wird versucht, anhand von ausgewählten Fragestellungen und an zentralen Fragmenten des Parmenides einen Überblick über die Eigenart seiner Auslegungen des für ihn „eigentlichen Begründers der antiken Ontologie" auf seinem Denkweg zu vermitteln.

Obwohl das Lehrgedicht mit dem (späteren) Titel *Über die Natur (Περὶ φύσεως)*[17] in der Antike vermutlich noch vollständig überliefert gewesen ist, warf es schon zu dieser Zeit schwierige Interpretationsprobleme auf (vgl. Platon, *Theaitetos* 184 a). Von dem parmenideischen Lehrgedicht „sind vor allem dank Simplicius verhältnismäßig ausführliche Bruchstücke erhalten, die, anders als bei Heraklit, die Rekonstruktion der wesentlichen Begründungszusammenhänge gestatten".[18] Diese Ansicht wird auch von Heidegger geteilt. In seiner *Parmenides*-Vorlesung vom Wintersemester 1942/43 heißt es:

„Wir beginnen mit einem Hinweis auf das Wort des Parmenides. Es ist uns in größeren und kleineren Bruchstücken überliefert. Das noch deutlich genug erkennbare Ganze, in das die Bruchstücke gehören, spricht in Versform die Gedanken eines Denkers, also eine philosophische ‚Lehre', aus. Man spricht deshalb vom ‚Lehrgedicht' des Parmenides."[19]

Als insgesamt verlässlichste Textausgabe (mit wohldurchdachter französischer und englischer Übersetzung) des parmenideischen Lehrgedichtes kann die Pariser Ausgabe von Pierre Aubenque angesehen werden.[20] Das Lehrgedicht *(Περὶ φύσε-*

[15] Neumann (2006a); Neumann (2006b): §§ 28–37.

[16] Schlüter 1979: 203.

[17] Die Übersetzung *Über die Natur* ist leicht missverständlich. Schon Simplicius (der nicht daran zweifelte, daß *Περὶ φύσεως* des Verfassers eigene Überschrift war) äußerte die Ansicht, dass sich dieser Titel nicht unbedingt auf einen ‚physikalischen' Sachverhalt beziehen musste (vgl. Simplicius (1894): 556, 25 ff.). Seit wann man den philosophischen Lehrschriften diesen Titel gab, wissen wir nicht. Parmenides darf für Heidegger wie auch Heraklit nicht als „Naturphilosoph" verstanden werden (Heidegger *GA* 22: 57).

[18] Röd (2009): 116.

[19] Heidegger *GA* 54: 12.

[20] Aubenque (éd.) (1987).

ως) des Parmenides wird, soweit nicht anders angegeben, nach der Fragmentordnung der sechsten, verbesserten Auflage (1951–1952) (weitere Auflagen dann unverändert) der von Hermann Diels und Walther Kranz herausgegebenen *Fragmente der Vorsokratiker* zitiert.[21] Als relativ textnah ausgerichtete deutsche Übersetzung wird zuweilen die kommentierte Ausgabe von Helmuth Vetter herangezogen, in der auch der neueste Forschungsstand berücksichtigt ist.[22]

[21] Diels – Kranz (Hg.) (1951–1952) I: 217–246.
[22] Parmenides (2016).

§ 2 Der hermeneutische Leitfaden von Heideggers Parmenides-Auslegung[23]

Jochen Schlüter stellt im sechsten Kapitel ,Kritische Bemerkungen zu Heideggers Auslegung des Parmenides'[24] seiner Dissertation über *Heidegger und Parmenides* die Frage, ob Heidegger von philologisch-wissenschaftlicher oder philosophiehistorischer Seite aus überhaupt kritisierbar sei:

„Sind nicht überhaupt H[eidegger]s ,Vorsokratiker'-interpretationen durch ,methodisch-philosophische' Überlegungen so gut gegen Angriffe von seiten der Philologie und Philosophiehistorie abgesichert, daß sie von diesen aus gar nicht mehr angegriffen werden können?"[25]

Andererseits gibt auch Schlüter zu bedenken: „Und ist nicht auch für H[eidegger] selbst trotz aller Gebundenheit an seine ,Perspektive' das, was ,da steht', die oberste Instanz für den Entwurf des Gesagten und Ungesagten?"[26]

Bezüglich der angesprochenen methodisch-philosophischen Voraussetzungen nennt Schlüter die von Heidegger in § 32 von *Sein und Zeit* entfaltete existenziale Vor-Struktur des Verstehens, die jeder Auslegung zugrunde liegt.[27]

Hans-Georg Gadamer verweist in seinem Hauptwerk *Wahrheit und Methode* bezüglich des Ideals der Vorurteilslosigkeit auf die *Endlichkeit* nicht nur unseres Menschseins, sondern ebenso unseres geschichtlichen Bewusstseins:

„Die Überwindung aller Vorurteile, diese Pauschalforderung der Aufklärung, wird sich selber als ein Vorurteil erweisen, dessen Revision erst den Weg für ein angemessenes Verständnis der Endlichkeit freimacht, die nicht nur unser Menschsein, sondern ebenso unser geschichtliches Bewußtsein beherrscht."[28]

Damit soll aber nicht der Beliebigkeit einer Auslegung Tür und Tor geöffnet werden. Aufgabe ist es, „legitime Vorurteile" von sachunangemessenen Vorurteilen zu unterscheiden.[29] Wenn wir die hermeneutische Aufgabe der Textauslegung in ihrer prinzipiellen „Offenheit" verstehen, wird es möglich, dass wir das vermeintlich Vorverstandene „am Ende auch der eigenen vielfältigen Sinnerwartung

[23] Die Eigenart von Heideggers Parmenides-Auslegung wird auch deshalb etwas eingehender erörtert, weil insbesondere seine Interpretationen und Übersetzungen der griechischen Philosophen von philologisch-wissenschaftlicher Seite immer wieder auf Kritik gestoßen sind (vgl. Beierwaltes (1995); Iber (2013); Marten (1990); Marten (1991)). Dagegen betont Hans-Christian Günther den „einzigartigen Rang von *Heideggers Eindringen in das griechische Denken*" (Günther (2001), 15).

[24] Schlüter (1979): 305–333.

[25] Schlüter (1979): 308.

[26] Schlüter (1979): 308 f.

[27] Schlüter (1979): 305 f.

[28] Gadamer (1990): 280, vgl. 275.

[29] Gadamer (1990): 281 f., vgl. 301, 304.

nicht einordnen können".[30] Bezüglich der bisherigen Parmenides-Interpretationen bemerkt Heidegger einmal:

„Jede Auseinandersetzung zwischen den verschiedenen Interpretationen eines Werkes, nicht nur des philosophischen, ist in Wahrheit eine wechselseitige Besinnung auf die leitenden Voraussetzungen, ist die Erörterung dieser, eine Aufgabe, die man seltsamerweise immer nur am Rande ([Randbemerkung:] *beiläufig*) zuläßt und durch allgemeine Redensarten überdeckt."[31]

In dieser Erörterung werden jedoch nicht nur die Voraussetzungen anderer hinterfragt, sondern auch die eigenen Voraussetzungen „der Erörterung anheimgestellt".[32] Es gibt keine „Auslegung, die beziehungslos, d. h. absolut gültig sein könnte".[33] Sachliche ‚Neutralität' oder gar Selbstauslöschung des Interpreten ist letztlich unmöglich. Sie ist im Grunde auch, wenn wir nicht auf jegliche „Lebensbedeutsamkeit"[34] verzichten möchten, nicht erwünscht. Für „ein hermeneutisch geschultes Bewußtsein" gilt es, wie Gadamer ausführt, „für die Andersheit des Textes von vornherein empfänglich [zu] sein":

„Solche Empfänglichkeit setzt aber weder sachliche ‚Neutralität' noch gar Selbstauslöschung voraus, sondern schließt die abhebende Aneignung der eigenen Vormeinungen und Vorurteile ein. Es gilt, der eigenen Voreingenommenheit innezusein, damit sich der Text selbst in seiner Andersheit darstellt und damit in die Möglichkeit kommt, seine sachliche Wahrheit gegen die eigene Vormeinung auszuspielen."[35]

Zur hermeneutischen Situation der Auslegung eines Textes gehört der „hermeneutische Vorrang der Frage", eine Thematik, der Gadamer in *Wahrheit und Methode* einen eigenen Abschnitt widmet.[36] Die Frage bestimmt den „Richtungssinn", auf den hin ein Text ausgelegt wird: „Der Sinn der Frage ist mithin die Richtung, in der die Antwort allein erfolgen kann, wenn sie sinnvolle, sinngemäße Antwort sein will. Mit der Frage wird das Befragte in eine bestimmte Hinsicht gerückt."[37]

Die Hinsicht, als die *bestimmte* Auslegbarkeit, auf die hin das Dasein das Befragte „anschneidet", bezeichnet Heidegger in § 32 von *Sein und Zeit* als *Vorsicht*, die mit *Vorhabe* und *Vorgriff* wesenhaft die „Auslegung von Etwas als Etwas" fundiert.[38]

---

[30] Gadamer (1990): 273.
[31] Heidegger *GA* 8: 181.
[32] Heidegger *GA* 8: 181; vgl. Pöggeler (1990): 202.
[33] Heidegger *GA* 8: 181.
[34] Husserl (1962): § 2 (Titel).
[35] Gadamer (1990): 273 f.
[36] Gadamer (1990): 368–384, vgl. 304.
[37] Gadamer (1990): 368.
[38] Heidegger *GA* 2: 199 f.

Aus dem Gesagten lässt sich somit schließen, dass Heideggers Parmenides-Interpretationen durchaus kritisierbar sind. Man muss sich aber vor Augen halten, welche *Frage* Heidegger jeweils an den Text stellt und ob der jeweilige Text überhaupt sachlich in einer Weise befragt wird, dass auf das in der Fragestellung anvisierte philosophische Grundproblem eine angemessene Antwort möglich ist. Die Legitimität einer grundsätzlich angemessenen Fragerichtung, nämlich die der *Seinsfrage*, bezieht Heidegger selbst aus der *Geschichte* der (abendländischen) Philosophie, in die er auch sein eigenes Denken stellt.

Auch Klaus Held, der stets bemüht war, die Parmenides-Interpretation seiner (erweiterten) Kölner Habilitationsschrift sehr genau am Text zu verifizieren, bekennt zu einer entscheidenden Textstelle (Übersetzung bzw. Interpretation von Fragment B 6 (und B 3) des Lehrgedichtes):

„Ich übergehe die Einzelheiten der philologischen Diskussion, weil mir aus ihr eigentlich nur hervorzugehen scheint, daß es bisher nicht gelungen ist, eine der Übersetzungsmöglichkeiten mit rein grammatisch-philologischen Mitteln als die einzig mögliche zu erweisen. Jede Entscheidung für eine bestimmte Möglichkeit beruht hier – ob die einzelnen Interpreten das zugeben oder nicht – auf einem philosophischen Vorverständnis.“[39]

Wie in der Vorbemerkung bereits angesprochen wurde, wandelte sich für Schlüter mit dem Wandel von Heideggers „Erfahrungen von Sein, Denken, Wahrheit usw. […], wie sich immer wieder zeigte, entsprechend auch seine Parmenidesauslegung.“[40] Aber ist eine ‚objektive‘ oder endgültige Interpretation überhaupt möglich? Die Frage ist für Gadamer (wie auch für Heidegger) prinzipiell zu verneinen:

„Die Ausschöpfung des wahren Sinnes aber, der in einem Text oder in einer künstlerischen Schöpfung gelegen ist, kommt nicht irgendwo zum Abschluß, sondern ist in Wahrheit ein unendlicher Prozeß. Es werden nicht nur immer neue Fehlerquellen ausgeschaltet, so daß der wahre Sinn aus allerlei Trübungen herausgefiltert wird, sondern es entspringen stets neue Quellen des Verständnisses, die ungeahnte Sinnbezüge offenbaren.“[41]

Es können zwei Fragebereiche unterschieden werden. Der eine Fragebereich betrifft das grundlegende, die Auslegung insgesamt tragende philosophische Vorverständnis und die daraus entspringende Fragerichtung, unter der ein Text interpretiert wird. Dieser Fragebereich bedarf einer *philosophischen* Auseinandersetzung „auf die leitenden Voraussetzungen“[42]. Auch auf dem Heidegger'schen Denkweg vollzog sich mit der vielberufenen „Kehre“ ein (immanenter) Wandel von der transzendental-horizontal zur seinsgeschichtlichen Ausarbeitung der Seinsfrage,

[39] Held (1980): 543 f.
[40] Schlüter (1979): 203.
[41] Gadamer (1990): 303, vgl. 289 f.
[42] Heidegger *GA* 8: 181.

und im Rahmen des seinsgeschichtlichen oder Ereignis-Denkens ergaben sich weitere Abwandlungen (vom „Streit“ von Welt und Erde zum Gevierts- und topologischen Denken).[43] Der zweite Fragebereich betrifft die dann auf der Grundlage des philosophischen Vorverständnisses erarbeitete konkrete Übersetzung und Textauslegung, die grundsätzlich am Text zu verifizieren ist, wobei sicherlich die beiden Problembereiche nicht streng auseinanderzuhalten sind, sondern selbst einen hermeneutischen Zirkel bilden. Die vorgeschlagene Trennung ist daher als ein methodischer Zugang zu begreifen. Pauschal lässt sich sagen, dass Heideggers insgesamt doch knappen *frühen* Parmenides-Auslegungen überwiegend auf den philosophischen Interpretationshorizont und wenige zentrale und entscheidende Textstellen und Begriffe bezogen bleiben.[44]

Eng mit der Frage der Auslegung verbunden, ist die Aufgabe der Übersetzung des altgriechischen Textes. Auf dieses Problem kann hier nicht ausführlicher eingegangen werden.[45] Wie für die Aufgabe einer Auslegung dargelegt wurde, so ist auch eine Übersetzung nicht gleichsam neutral, sondern „Maßstab und Charakter einer Übersetzung sind immer relativ auf das Ziel der Interpretation“[46]. Zur Übersetzung von Platons *Theätet* bemerkt Heidegger in seiner Vorlesung vom Wintersemester 1931/32:

„Für die selbständige Arbeit am Dialog freilich ist der Urtext zugrundezulegen, und das sagt zugleich: eine *eigene* Übersetzung. Denn eine *Übersetzung* ist nur das letzte Ergebnis einer wirklich durchgeführten *Auslegung*: der Text ist über-gesetzt in ein selbständig fragendes Verständnis.“[47]

*

Ein wesentliches Problem jeder Parmenides-Auslegung stellt der Zusammenhang der beiden Teile des Lehrgedichtes (Aletheia- und Doxa-Teil) dar. Parmenides entwirft im Doxa-Teil eine Kosmogonie, die trotz der fragmentarischen Überlieferung (Frgm. B 9 – B 19) in ihrer Grundstruktur deutlich erkennbar ist. Der Kosmos ist aus den beiden Gegensätzen Licht/Feuer einerseits und Nacht/Kälte andererseits gebildet. Was sonst an Gegensätzen genannt wird, ist in diesen Grundgegensatz

---

[43] Es ist aber zu sehen, dass sich dieser Übergang zum Ereignis-Denken selbst, wie es in dem Text „Ein Rückblick auf den Weg“ (1937/38) heißt, „in der Einheit dieser geschichtlichen und grundsätzlichen Besinnung auf die Grundfrage“ (Heidegger *GA* 66: 409–417, 415) nach dem *Sinn des Seins* vollzog, also u. a. auch in und mit der erneuten Besinnung auf Parmenides ab dem Sommersemester 1932 (vgl. Heidegger *GA* 66: 415, Anm. 9). Darauf wird in § 1 c) noch weiter eingegangen.

[44] Nicht zu Unrecht bemerkt Rainer Marten, dass sich Heideggers Seinsfrage „an die parataktisch – isolierte – Kopula“ richtet. „Für Heidegger sprechen Wörter, nicht Sätze.“ (Marten (1990), 12).

[45] Vgl. Vetter (2014): 356 (Stichwort ‚Übersetzung‘ (mit weiteren Literaturhinweisen)).

[46] Heidegger *GA* 62: 7.

[47] Heidegger *GA* 34: 130.

integriert. Die Welt, wie wir sie als Sterbliche erfahren, ist in allem eine Mischung aus beidem.[48] In seinem Aufsatz ‚Das Lehrgedicht des Parmenides. Kurt Riezlers Parmenidesdeutung‘ (1936) bemerkt Gadamer zur Kosmogonie:

„Seitdem [seit Karls Reinhardts „revolutionierendem Buch“[49] (1916)] kommt jede Interpretation nicht mehr in Betracht, die die δόξαι βροτῶν [die Meinungen der Sterblichen] nicht in einer den Sinn dieser ganzen Philosophie bestimmenden Weise mit der verkündenden ἀλήθεια [Wahrheit] verknüpft, sondern in ihr Darstellung, Kompromiß, Hypothese, Kritik und Polemik oder sonst etwas Zweitrangiges und Nachtragshaftes erblickt.“[50]

Aus den umfangreichen Untersuchungen Schlüters soll nur ein Problem herausgegriffen werden, das ein Licht auf die Eigenart der Heidegger'schen Auslegung zu werfen vermag. In seiner Untersuchung ‚Zu Heideggers Interpretation von Parmenides B 2 (in E[inführung in die] M[etaphysik][51])‘ in § 63 seiner Dissertation stellt Schlüter abschließend folgende Frage:

„Haben nicht zwei Denker grundverschiedene Intentionen, wenn sich der eine (Parmenides) gegen das Nichtsein entscheidet und es vom Sein fortsieht, da das Nichtsein unmöglich ist, und der andere [Heidegger] die Nichtigkeit (Endlichkeit) des Daseins (Seins), also sozusagen die ‚materiale Verschränktheit‘ von Sein und Nichts behauptet?“[52]

Man könnte (mit Heidegger) von zwei verschiedenen „Grundstellungen“ des abendländischen Denkens sprechen. Auch Klaus Held hat in seiner Habilitationsschrift mit überzeugenden Argumenten dargelegt, dass der Text des Lehrgedichts kaum anders zu interpretieren ist als durch einen schlechthinnigen Ausschluss des Ungedankens des Nichts vom einzig-einigen allumfassenden omnipräsenten Sein. Nicht gelöst wurde allerdings für ihn „die befriedigende Erklärung der Existenzmöglichkeit der Doxa“[53], nämlich der Grund dafür, *dass* es sie überhaupt gibt. Es ist damit ein Problem angesprochen, das alles Denken, das von einem einzig-einen absoluten Grund oder Ursprung ausgeht, betrifft, mag das Absolute als (monotheistischer) Gott oder als absoluter Geist gedacht sein: Negativität hat im Absoluten selbst keinen Platz (man denke z. B. an das spätere Theodizeeproblem[54]). In seiner Vorlesung vom Sommersemester 1932 bemerkt auch Heidegger:

---

[48] Entscheidend für die Auslegung ist, in welcher Weise diese ‚Mischung‘ in den entscheidenden Versen 53–59 von Fragment B 8 gedeutet wird (vgl. Reinhardt (2012), 69 f.; Neumann (2006b), 89–92).

[49] Reinhardt (2012); vgl. dazu Heidegger *GA* 22: 62–64; *GA* 62: 210–214; *GA* 2: 295, Anm. 20.

[50] Gadamer (1985), 30–57, 30.

[51] Heidegger *GA* 40.

[52] Schlüter (1979): 313 f.

[53] Held (1980): 577.

[54] Der Begriff geht bekanntlich auf Gottfried Wilhelm Leibniz' *Essais de Theodicée sur la Bonté de Dieu, la liberté de l'Homme et l'origine du mal* (Amsterdam 1710) zurück. Unter Verweis auf Par-

„Woher freilich das Ab und Weg und Nicht stammt, wenn es nach Parmenides nicht aus dem Sein herkommen kann, ist eine weitere Frage, die Parmenides weder stellt noch beantwortet. Für die er aber doch zugleich mit der Wesensbestimmung des Seins (*Wesenssatz des Parmenides*[55]) die entscheidende Vorarbeit leistet, indem er überhaupt erst einmal einfach aufweist, daß es so etwas wie Nichtsein in der Gestalt des Scheins gibt. Freilich von seinem Begriff des Seins aus muß er sagen: der Schein ist nicht. Schein aber doch nicht gleichzusetzten mit dem puren Nichts."[56]

Damit ist Heideggers Interpretation aber in eine Perspektive gerückt, die gerade auf „noch *Ungesagtes* durch das Gesagte"[57] des auszulegenden Textes verweist. Der Grund für die Doxa kann mit Heideggers Einsicht in die Endlichkeit (Geworfenheit) des existierenden Daseins, seinem nackten „Daß es ist und zu sein hat"[58], zwar kein letztbegründender Grund (im ontischen Sinne) mehr sein, aber mit der Aufdeckung der *Faktizität* des Daseins, zu dessen Erschlossenheit und zur Entdecktheit des Seienden (wie es schon in § 44 von *Sein und Zeit* heißt) gleichursprünglich „Verschlossenheit und Verdecktheit" gehören,[59] hat Heidegger selbst einen Beitrag zum Problem der „Erklärung" der Doxa geleistet. Zudem hat er mit Phänomenen wie Angstabwehr, Flucht, Ausweichen (vor dem Tode) den verborgenen existenzial-ontologischen Grund für den Ausschluss jeglicher Negativität vom Seinsgedanken aufgedeckt. In diese Richtung weist auch Schlüter:

„Da nun Parmenides seinerseits jede materiale Beziehung des Seins des Seienden zum Nichtsein aufhebt, strebt er ‚unbewußt' gerade an, jenes in den Annahmen der Sterblichen eingeschlossene Verstehen der Endlichkeit des Seins in der eigenen These des Seins des Seienden zu überwinden."[60]

---

menides führt beispielsweise Thomas Schumacher in seiner Untersuchung zur *Theodizee* aus: „der eine Urgrund kennt also nicht den Widerspruch: er kennt nicht das Böse" (Schumacher (1994): 59).

[55] Der Wesenssatz vom Sein lautet: *„Sein ist schlechthin un-nichtig"* (Heidegger *GA* 35: 162).

[56] Heidegger *GA* 35: 179 f.

[57] Nicht nur für eine Auslegung Kants, sondern „überhaupt in jeder philosophischen Erkenntnis", schreibt Heidegger in seinem „Kantbuch" (1929), muss nicht das entscheidend werden, „was sie in den ausgesprochenen Sätzen sagt, sondern was sie als noch Ungesagtes durch das Gesagte vor Augen legt." (Heidegger *GA* 3: 201; vgl. Pöggeler (1990): 47). Ähnlich heißt es im einleitenden Teil der *Sophistes*-Vorlesung vom Wintersemester 1924/25: „Überhaupt ist zu sagen, daß eine Interpretation über das, was zunächst im Text dasteht, hinausgeht. Das ist kein Hineindeuten, sondern es kommt darauf an, das, was bei den Griechen unausdrücklich präsent war, aufzudecken." (Heidegger *GA* 19: 77 f.; vgl. Gadamer (1990): 301). In dem Text ‚Moira (Parmenides [Fragment] VIII, 34–41)' (1952) heißt es entsprechend: „Gleichwohl läßt er [Parmenides] im Ungesagten, worin das Wesen der Ἀλήθεια beruhe. Ungedacht bleibt auch, in welchem Sinne von Gottheit die Ἀλήθεια Göttin ist. All dies bleibt für das beginnende Denken der Griechen so unmittelbar außerhalb des Denkwürdigen wie eine Erläuterung des Rätselwortes τὸ αὐτό, das Selbe." (Heidegger *GA* 7: 235–261, 252).

[58] Heidegger *GA* 2: 179 f.

[59] Heidegger *GA* 2: 294.

[60] Schlüter (1979): 313.

Auch wenn man Heideggers Auslegung nicht folgen möchte, ist nicht von der Hand zu weisen, daß er im Rahmen *seines* philosophischen Vorverständnisses einen Beitrag zur „Erklärung“ der Doxa geleistet hat. Man könnte mit Heidegger sagen, es sei es gelungen, Parmenides und die Griechen „besser [zu] verstehen, als sie sich selbst verstanden“[61] (Gadamer möchte dagegen nur einräumen, „daß man *anders* versteht, *wenn man überhaupt versteht*“[62]), wenn man diese bekannte hermeneutische Maxime[63] aber gerade auf die aufzuweisende *Sache* (das Dasein in seiner faktischen Geworfenheit und Endlichkeit) bezieht und nicht (im Anschluss an die romantische Ausdruckshermeneutik) *psychologisch* oder subjektivistisch ausdeutet.

[61] Heidegger *GA* 24: 157; vgl. *GA* 19: 11. Im Horizont des seinsgeschichtlichen oder Ereignis-Denkens möchte Heidegger dagegen nicht mehr vom „besser verstehen“ der Griechen sprechen, weil „jedes große Denken“ *sich* selbst „in den ihm zugewiesenen Grenzen“ „immer am besten“ versteht (Heidegger *GA* 12: 79–146, 127).

[62] Gadamer (1990): 302, vgl. 195 ff., 301.

[63] Vgl. Schleiermacher (1995): 94, 104, 167 ff., 321, 325.

§ 3 Heideggers Parmenides-Auslegung auf dem Weg zum Ereignis-Denken

Mit dem (immanenten) Wandel von der transzendental-horizontalen Ausarbeitung der Seinsfrage zur ereignisgeschichtlichen Blick- und Fragebahn[64] treten in Heideggers Besinnung auf den ersten Anfang der abendländischen Philosophie die Vorsokratiker mehr und mehr in den Vordergrund. Der noch für *Sein und Zeit* maßgebliche Vorrang von Platon und vor allem von Aristoteles gegenüber den Vorsokratikern wird zurückgenommen. Bereits mit Platon und Aristoteles beginnt ein Denken die Vorherrschaft zu gewinnen, das er in den 1936 bis 1938 ausgearbeiteten *Beiträgen zur Philosophie* mit der „wesentliche[n] Überschrift" *Vom Ereignis* mit den Stichworten „Entmachtung der φύσις" und „Einsturz" der ἀλήθεια als „*Unverborgenheit* des Seienden" charakterisiert.[65] Insbesondere bei Anaximander, Parmenides und Heraklit ist für ihn noch eine Ursprünglichkeit des Denkens verwahrt, die bereits bei Platon und Aristoteles zunehmend verdeckt wird. Für den früher Heidegger ist es vor allem Parmenides, der hinsichtlich der Frage nach dem Seienden als solchen einen „ersten Vorstoß" gegeben hat.[66] Wichtige Hinweise zu seinem Denkweg nach *Sein und Zeit* gibt Heidegger in dem Text ‚Ein Rückblick auf den Weg' (1937/38). Weil die Frage nach dem Da-sein ursprünglicher und zugleich im ausdrücklichen Bezug zur Wahrheit des Seyns anzusetzen ist, deshalb musste sogleich –

„*Alles* von Grund in die erneute Fragebewegung gebracht werden und zugleich mußte sich damit die ganze Stellung zur bisherigen Geschichte der abendländischen Philosophie klären und verschärfen – es erwuchs noch einmal die Aufgabe einer Gesamtbesinnung auf diese Geschichte von ihrem ersten Anfang (Anaximander, 1932) bis zu Nietzsche (1937)."[67]

In der Heidegger-Forschung werden, was die Vorsokratiker-Auslegungen betrifft, fast ausschließlich die auf dem Boden der „erneuten Fragebewegung" des ereignisgeschichtlichen Denkens stehenden Untersuchungen thematisiert.

---

[64] Vgl. Herrmann (2019); vgl. auch Vallega-Neu (2003). Zum Terminus „ereignisgeschichtlich" für das seinsgeschichtliche oder Ereignis-Denken vgl. Heidegger *GA* 65: 495. Der Übergangscharakter der Vorlesung vom Sommersemester 1932 zum Ereignis-Denken zeigt sich auch darin, dass Heidegger in einem Abschnitt (§ 15 b) aus der ‚Zwischenbetrachtung' (II. Teil) noch von der „Transzendenz" und dem „Transzendieren" in Bezug auf das Seinsverständnis spricht (Heidegger *GA* 35: 90).

[65] Heidegger *GA* 65: 3, 126, 334.

[66] Heidegger *GA* 19: 436.

[67] Heidegger *GA* 66: 409–428, 414 f. Mit „Anaximander, 1932" ist hier die Freiburger Vorlesung *Der Anfang der abendländischen Philosophie. Auslegung des Anaximander und Parmenides* vom Sommersemester 1932 (*GA* 35) gemeint, von der bereits Jochen Schlüter für seine Heidelberger Dissertation „Einsicht in eine ziemlich zuverlässige Nachschrift" hatte (Schlüter (1979): 2).

Der Aufgabe einer erneuten „Gesamtbesinnung“ auf die bisherige Geschichte der abendländischen Philosophie auf dem Boden des Ereignis-Denkens entspricht die in § 6 von *Sein und Zeit* genannte „Aufgabe einer Destruktion der Geschichte der Ontologie“[68].

Gerade eine Gegenüberstellung und Kontrastierung der früheren und der späteren Auslegungen der Vorsokratiker, hier Parmenides, kann den Blick für die Eigenart des jeweiligen Denkens und dessen Wandlung schärfen.

Eine erste ausführlichere Auseinandersetzung mit Parmenides gibt Heidegger im Rahmen seiner Interpretation der aristotelischen Eleaten-Kritik (im ersten Buch der *Physik*) in § 25 der vom Verfasser herausgegebenen Freiburger Vorlesung *Phänomenologische Interpretationen ausgewählter Abhandlungen des Aristoteles zur Ontologie und Logik* vom Sommersemester 1922.[69] Die knappen Ausführungen zu Parmenides im sogenannten „Natorp-Bericht“[70], Heideggers Bewerbungsschreiben für die Marburger und die Göttinger Philosophische Fakultät vom Herbst 1922, das „als die Keimzelle von *Sein und Zeit*“[71] gilt, beruhen insbesondere auf dieser Vorlesung.

Da die Textbasis zu Heideggers unmittelbarer Auseinandersetzung mit Parmenides *selbst* in den genannten frühen Texten doch beschränkt ist, soll zunächst eine Orientierung von *Sein und Zeit* aus vorgenommen werden, wobei insbesondere die Marburger Vorlesung *Die Grundbegriffe der antiken Philosophie*[72] vom Sommersemester 1926 dem direkten Umkreis von *Sein und Zeit* zuzurechnen ist. Es wird sich zeigen, dass Heideggers *privative* Deutung des Wahrheitsphänomens, die sich auch schon in seiner früheren Interpretation (1922) aufweisen lässt, für seine Auslegung des parmenideischen Lehrgedichtes im Ganzen, insbesondere auch hinsichtlich des Problems des Zusammenhangs der beiden Teile (Aletheia- und Doxa-Teil), bestimmend ist.

---

[68] Heidegger *GA* 2: 27–36, vgl. 53.
[69] Heidegger *GA* 62: 209–231.
[70] Heidegger *GA* 62: Anhang III, 341–419.
[71] Figal (2020): 26.
[72] Heidegger *GA* 22.

I
Die Parmenides-Rezeption im Umkreis der Fundamentalontologie von *Sein und Zeit*

§ 4 Seinsfrage, Wahrheitsphänomen und das Problem des Zusammenhangs der beiden Teile des parmenideischen Lehrgedichtes

a) Seinsfrage und das Problem der Zeit

Bevor die Frage nach dem Sinn von Sein erneut gestellt werden könne, müsse aus Gründen eines heute ermangelnden Verständnisses, wie es im Vorwort von *Sein und Zeit* heißt, der Sinn der Frage wieder geweckt werden. Der § 1 erläutert die Gründe für dieses fehlende Verständnis, um aus diesen einsichtig zu machen, dass die *Wieder*holung der Seinsfrage keine beliebige sein kann, sondern dass die Sache selbst die ursprünglichere Wieder*holung* erzwingt. Die Seinsfrage ist für Heidegger nicht über den bei Platon und Aristoteles erreichten Stand hinaus gekommen.[73] „Sie hat das Forschen von *Plato* und *Aristoteles* in Atem gehalten, um freilich von da an zu verstummen – *als thematische Frage wirklicher Untersuchung*."[74] Wenn die Seinsfrage „heute in Vergessenheit gekommen" ist,[75] dann ist damit zugleich gesagt, dass sie früher einmal „mehr oder minder ausdrücklich"[76] im Wissen aufgeschlossen war. Hinsichtlich der auszuarbeitenden Grundfrage (Fundamentalfrage) nach dem Sinn von Sein werden von Heidegger drei Strukturmomente herausgehoben: Das in der Seinsfrage *Be*fragte ist das Seiende, das in der Seinsfrage *Ge*fragte ist das Sein, und die Hinsicht, nach der wir eigentlich fragen, wenn wir das Befragte nach dem Gefragten fragen, der Sinn von Sein, ist das *Er*fragte.[77] Der *Sinn* von Sein verweist auf „die ontologische Analytik" des seinsverstehenden Daseins (und vertiefend auf die Explikation der ekstatisch-horizontalen Zeitlichkeit) „als Freilegung des Horizontes für eine Interpretation des Sinnes von Sein über-

[73] Aristoteles ist für den frühen Heidegger zugleich vollendender Höhepunkt und Wendepunkt (zum Abfall) der antiken Philosophie. In der Vorlesung vom Sommersemester 1926 heißt es: „Wissenschaftlicher Höhepunkt der antiken Philosophie: *Aristoteles*. Er hat nicht alle Probleme gelöst, aber er ist an die Grenzen vorgestoßen, die mit dem Problemansatz der griechischen Philosophie überhaupt gegeben sind. Er vereinigt positiv die Grundmotive der vorangehenden Philosophie, nach ihm Abfall." (Heidegger *GA* 22: 22; vgl. Heidegger *GA* 63: 76; Heidegger *GA* 19: 11 f.).

[74] Heidegger *GA* 2: 3.

[75] Heidegger *GA* 2: 3.

[76] Heidegger *GA* 24: 16.

[77] Heidegger *GA* 2: 8 f.; zur Fragestruktur vgl. auch Heidegger *GA* 17: 73–77; *GA* 20: 194–198.

haupt".[78] Damit ist gesagt, dass mit der Aufklärung des vollen Sinnes von Sein als solchem auch das Seiende in seinem Sein ursprünglich interpretiert ist, aber das Umgekehrte nicht der Fall ist. Es lässt sich demnach in der Seinsfrage eine „Rangordnung" herausheben, die zunächst die Seinsfrage in Abhebung gegenüber einem nur ontischen Fragen betrifft:

„Sofern die Frage nach dem Seienden im Ganzen und in seinen Hauptbezirken schon ein gewisses Begreifen dessen, was das Seiende als solches sei, voraussetzt, muß die Frage nach dem ὂν ᾗ ὄν der Frage nach dem Seienden im Ganzen vorgeordnet werden."[79]

Um nun aber zu verstehen, was das Seiende als ein solches wesenhaft bestimmt, „muß das Bestimmende selbst hinreichend faßbar, *das Sein als solches*, nicht erst das Seiende als solches, muß zuvor begriffen werden."[80] Während die griechische Philosophie bis zur Frage nach dem ὂν ᾗ ὄν, dem Seienden als solchen, vorstieß, blieb die Frage nach dem Sein als solchen (die Seinsfrage im engeren und eigentlichen Sinne, die nach dem Sinn von Sein fragt) ungestellt, sie kam in der griechischen Auslegung nicht ans Licht. Es lässt sich aber noch fragen, ob auch schon im Anfang der griechischen Philosophie, d. h. bei Parmenides, nicht nur die Frage nach dem Seienden im Ganzen, sondern schon nach dem Seienden als solchen in gewisser Weise in den Blick kam. Das ist für Heidegger in der Tat, wie auch die weiteren Ausführungen belegen, der Fall. In der Marburger Vorlesung vom Wintersemester 1924/25 heißt es ausdrücklich: „Bei Parmenides freilich findet sich schon ein erster Vorstoß: Er betrachtete das Seiende als ein solches, d. h. es wird ontisch das ganze Seiende weggestellt und gesagt: ‚daß es ist'."[81]

Mit der Frage nach dem *Sinn* von Sein kam bereits das Problem der Zeit mit in den Blick. Bei Parmenides blieb für Heidegger aber nicht nur die „fundamentale ontologische Funktion der Zeit"[82] verborgen, sondern das Problem der Zeit wurde überhaupt nicht „ausdrücklich genannt und analysiert"[83]. Aristoteles war es, der „zum ersten Mal und für lange Zeit hinaus das vulgäre Zeitverständnis eindeutig in den Begriff gebracht" hat.[84] Die Zeit des vulgären Zeitverständnisses, die Heidegger die „Jetzt-Zeit" nennt, ist ein echtes, aber abkünftiges Phänomen und liegt auch noch Immanuel Kants, Henri Bergsons und Edmund Husserls Zeitauffassung zugrunde.[85] Der vulgäre Zeitbegriff entspringt der (Leit-)Frage nach dem Seienden

[78] Heidegger *GA* 2: § 5 (Titel).
[79] Heidegger *GA* 3: 222.
[80] Heidegger *GA* 3: 223.
[81] Heidegger *GA* 19: 436; vgl. auch die von Heidegger redigierte ‚Einleitung' für den Encyclopaedia Britannica Artikel (Husserl (1968): 237–301, 256).
[82] Heidegger *GA* 2: 35.
[83] Heidegger *GA* 22: 68.
[84] Heidegger *GA* 24: 329.
[85] Zu Husserls Zeitauffassung vgl. Neumann (2023).

als solchen. Aristoteles' Frage nach dem Wesen (Natur) der Zeit geht aus von der Frage, ob die Zeit zum Seienden oder zum Nicht-Seienden gehört.[86] Die Zeit ist für Aristoteles zwar nicht *so* vorhanden wie die Dinge und deren Bewegung selbst, aber doch irgendwie *mit*vorhanden. Wenn Heidegger in § 6 von *Sein und Zeit* ausführt, dass „die Zeit selbst [...] als ein Seiendes unter anderem Seienden genommen" wird,[87] trifft das zwar im weiteren Sinne auch auf Aristoteles zu, insofern die Zeit im Horizont von Sein als Vorhandensein und Nicht-Vorhandensein bestimmt wird, aber noch ganz unmittelbar (weil begrifflich noch undifferenziert) wird bei Parmenides, der auch im vorangehenden Absatz explizit genannt wird, die Zeit selbst als (ständiges) Vorhandensein gefasst. Die Zeit wird selbst ontisch verstanden. Dass aber das Sein des Seienden schon im Anfang der griechisch-abendländischen Philosophie aus dem Gesichtskreis der Zeit verstanden ist, wenn auch *ungewusst*, lässt sich bereits bei Parmenides zeigen. Sein (als Seiendheit des Seienden) ist für Parmenides pures Vorhandensein als *ständige Anwesendheit*. Anwesenheit aber ist (be)ständige, fort- und immerwährende Gegen-wart, zeigt somit einen *zeithaften* Charakter.[88] Der Charakter der Anwesenheit als *(be)ständige* verweist darauf, dass zwar der Fluss der Zeit angehalten ist (lateinisch *sempiternitas*[89]), es keine Vergangenheit und Zukunft geben kann, nicht aber Zeitlichkeit überhaupt aufgehoben ist (Überzeitlichkeit, Zeitlosigkeit, Zeitenthobenheit, lateinisch *aeternitas*).

Das Problem der Zeit bietet nun die Gelegenheit, Heideggers (spätere) Auslegung und Übersetzung des entscheidenden Verses 5 von Fragment B 8 auf ihre hermeneutische Stichhaltigkeit und Angemessenheit hin zu befragen. Der Vers lautet mit der Übersetzung von Helmuth Vetter:

5 οὐδέ ποτ' ἦν οὐδ' ἔσται, ἐπεὶ νῦν ἔστιν ὁμοῦ πᾶν

5 „nicht war es jemals, noch wird es sein, da es auf einmal im Augenblick alles ist"[90]

Des Weiteren ist vor allem zur Abgrenzung noch Vers 40 von Fragment B 8 heranzuziehen, der besagt, in der Übersetzung des vorangehenden Verses 39 von Vetter,

---

[86] πότερον τῶν ὄντων ἐστὶν ἢ τῶν μὴ ὄντων, εἶτα τίς ἡ φύσις αὐτοῦ. „Ob die Zeit zum Seienden oder zum Nicht-Seienden zählt; und dann, was ihre Natur ist." (Aristoteles (2021): 174 f. (*Phys.* Δ 10, 217 b 31 f.)).

[87] Heidegger *GA* 2: 35. Vgl. Heidegger *GA* 22: 235 (Nachschrift Mörchen): „Das Zeit-Phänomen war für *Parmenides* nicht rein als solches gegenwärtig, sondern war für ihn ein Seiendes. So wurde noch lange die Zeit identifiziert mit dem Himmel, der Sonne, wonach sie gemessen wird."

[88] Vgl. Heidegger *GA* 35: 163–166; *GA* 82: 377.

[89] Zur *sempiternitas* vgl. Heidegger *GA* 19: 34; *GA* 28: 212.

[90] Parmenides (2016): 112, vgl. 121 f.

„was die Sterblichen festgesetzt haben, überzeugt davon, dass es wahr sei“[91]. Heidegger übersetzt (im Sinne des Was- oder So-seins des Seienden):

γίγνεσθαί τε καὶ ὄλλυσθαι, εἶναί τε καὶ οὐχί

„Aufgehen sowohl als Untergehen, (So)sein zumal und Nichtsosein (vgl. [Frgm. B] 6, 8 f.)“[92]

Zur Klärung der Zeitlichkeit des ἐόν, des Seienden, können die grundlegenden Untersuchungen von Richard Sorabji[93] und Michael Theunissen[94] herangezogen werden. Sorabji erörtert acht mögliche Positionen, die hier zusammengefasst werden sollen: (1) und (2) = Negation von Entstehen und Vergehen, aber ohne Negation der Dauer (ständige Gegenwart); (3) = völlige Zeitlosigkeit (lateinisch *aeternitas*); (4) = rein aktuale Gegenwart; (5), (6) und (7) = Varianten von (4); (8) = der andere Ansatz einer zyklische Zeit. Der Position (2) bei Sorabji entspricht bei Theunissen die Position (D) = Dauer, *sempiternitas*, der Position (3) die Position (E_1). Sorabji vertritt (3), Theunissen (D). Theunissen befestigt und sichert seine Lesart sehr überzeugend durch eine eingehende Analyse der Termini ὁμοῦ πᾶν.[95] Er gibt nun die folgende Übersetzung:

„Und es (das Seiende) war nicht einmal und wird nicht (einmal) sein, da es jetzt zugleich ist.“[96]

Zu einer ähnliche Übersetzung kommt die Ausgabe von Pierre Aubenque:

„⟨It⟩ was not at one time ⟨only⟩, nor will ⟨it⟩ be ⟨at one time only⟩, since ⟨it⟩ is now, all ⟨of it⟩ together, one, continuous.“[97]

In § 22 ‚Auslegung von Fragment 8‘ seiner Vorlesung vom Sommersemester 1932 bemerkt Heidegger:

„Und eben im Verhältnis zum νῦν (Gegenwart) ist das Sein ὁμοῦ πᾶν, alles, was das Sein ausmacht, was zu ihm gehört, steht zumal im Verhältnis zum νῦν. *Sein ist*

---

[91] Parmenides (2016): 115.
[92] Heidegger *GA* 35: 138. Das Adverb „zumal“, mittelhochdeutsch „ze mâle“, hatte bis zum 16. Jahrhundert die Bedeutung von „zugeich“, auch „zusammensein“ (Grimm (1999), Bd. 32: 531–534).
[93] Sorabji (1983).
[94] Theunissen (1997).
[95] Vgl. ausführlicher Neumann (2006b): 28–34.
[96] Theunissen (1997): 112. M. Laura Gemelli Marciano übersetzt: „weder war es jemals, noch wird es einmal sein, da es jetzt zugleich ganz ist, eines, zusammenhängend.“ (Vorsokratiker (2013): 19).
[97] Aubenque (éd) (1987): 35.

Gegenwart allzumal. Hier von Zeitlosigkeit oder Ewigkeit zu reden ist reine Willkür und Oberflächlichkeit zugleich.

Die Erörterung des Seins in Hinsicht auf Zeit hat nicht nur das negativ ergeben: vergangenheits-, zukunftslos, sondern etwas Positives: das *Sein steht im Verhältnis zur Gegenwart* und nur zu ihr."[98]

Heidegger gibt die folgende Übersetzung:

„5) auch nicht ehemals war es, auch nicht dereinst wird es sein, denn als Gegenwart ‚ist' es all-zumal"[99]

Heidegger Auslegung von 1932 ist gegenüberzustellen, dass die meisten Interpreten, vor allem aus die angelsächsischen Bereich[100], bis heute an der Zeitlosigkeit bzw. „Überzeitlichkeit des Seins" (des Seienden) (Position (3) bzw. (E_1)) festhalten, wie Vetter richtig bemerkt: „Die meisten Interpreten betonen die Überzeitlichkeit des Seins, beachten aber nicht, dass ihr Verständnis von ‚Zeit' jenem des Aristoteles und dessen Definition entspricht."[101]

Die Zeit ist noch bei Parmenides die (früh)griechisch verstandene Zeit, worauf Vetter (und ebenso Heidegger später in seiner *Parmenides*-Vorlesung[102]) hinweist:

„Anders [als Aristoteles] der μακρὸς χρόνος in Sophokles' *Ajax* [Vers 646 f.]: ἅπανθ' ὁ μακρὸς κἀναρίθμητος χρόνος | φαίνει τ' ἄδηλα καὶ φανέντα κρύπτεται. Hier ist die Zeit [ὁ χρόνος] nicht als Schwinden einzelner nicht fassbarer Augenblicke gemeint, sondern als Macht, die das Verborgene offenbar macht und, was verborgen war, erscheinen lässt; sie ist κἀναρίθμητος χρόνος, d. h. eine Zeit, die der Zahl (dem ἀριθμός) nicht unterworfen ist […]."[103]

Die in den beiden Teilen des Lehrgedichtes (Aletheia-Teil und Doxa-Teil) aufweisbaren zeithaften Charaktere sind es, die für Heidegger „als Kriterium für [den] Unterschied der verschiedenen Seinsmodi" (wahrhaftes Sein – scheinhaftes Sein) dienen.[104]

In der (vulgären) Jetzt-Zeit liegt für Heidegger aber überhaupt die Tendenz auf „Ständigkeit". Er verweist in der (knappen) ‚Interpretation des Lehrgedichts des Parmenides' (§ 22) seiner Vorlesung vom Sommersemester 1926 auf Kant:

---

98 Heidegger *GA* 35: 165.

99 Heidegger *GA* 35: 135.

100 Beispielsweise Gwilym E. L. Owen, Charles H. Kahn, Allan H. Coxon, Richard Sorabji.

101 Parmenides (2016): 121; vgl. Aristoteles (2021): 180, 184 (*Phys.* Δ 11, 219 b 1 f., 220 a 24 f.).

102 Heidegger *GA* 54: 209. Heidegger zitiert und übersetzt hier aber die (übliche) Lesart φύει (Vers 647), „Aufgehen", statt φαίνει (Vetter):

„Gar alles läßt die weite und dem Rechnen unfaßbare Zeit
Aufgehen wohl Unoffenbares, doch auch Erschienenes verbirgt sie (wieder) in ihr selber".

103 Parmenides (2016): 121 f. (Ergänzungen in eckigen Klammern vom Verf.).

104 Heidegger *GA* 22: 68.

„*Kant*, der die Zeit als Ordnung des Nacheinander faßt wie alle vor ihm, sagt auch: Die Zeit steht (Kritik der reinen Vernunft B 224 f.). Die Zeit, die ist nur im Jetzt. Das Jetzt ist ständig, stehend, Zeit steht.“[105]

b) Der Satz des Parmenides (Fragment B 3) und die existenzial-ontologische Interpretation des Wahrheitsphänomens

Die aus der herrschenden Vergessenheit „neu zu entfachende γιγαντομαχία περὶ τῆς οὐσίας“[106], die „Gigantenschlacht über das Sein“, hat ihren Anfang in der vorplatonischen Philosophie. Die Seinsfrage wurde nicht nur *im* Anfang der griechisch-abendländischen Philosophie gestellt, sondern ist selbst *als* deren Anfang zu betrachten. Wie oben dargelegt, ist es unter den vorplatonischen Denkern Parmenides, der in der begrifflichen Erfassung des Seins des Seienden den entscheidenden „Vorstoß“ erringt. Eine bemerkenswerte Stelle findet sich in § 6 von *Sein und Zeit*. Entsprechend der griechischen Wesensbestimmung des Menschen als das ζῷον λόγον ἔχον[107] ist der λόγος bzw. das λέγειν, das Reden als das An- und Besprechen des Seienden in seinem Sein, der *daseinsmäßige* Leitfaden für die Seinsauslegung, die sich aber bei den Griechen „ohne jedes ausdrückliche Wissen um den dabei fungierenden Leitfaden“ vollzieht.[108] In diesem Zusammenhang setzt sich Heidegger mit der neukantianischen Aristoteles-Kritik auseinander. Die platonische „Dialektik“[109], die Aristoteles nicht mehr verstanden haben soll, wird *deshalb* „überflüssig“, weil Aristoteles sie „auf einen radikaleren Boden stellte“ und als philosophische Grundwissenschaft „aufhob“.[110] Im Zuge dieser Kritik folgt eine unmittelbare Anknüpfung an und Berufung auf den entscheidenden Anfang bei Parmenides. Das ursprüngliche Verstehen der einfachsten Seinsbestimmungen vollzieht sich nicht in einem διαλέγεσθαι, sondern im νοεῖν als dem „schlichte[n] Verneh-

---

[105] Heidegger *GA* 22: 69 mit Anm. 4 (in runden Klammern).

[106] Heidegger *GA* 2: 3; vgl. Platon (1990b): 114 f. (*Sophistes* 246 a 4 f.).

[107] Später – in der schon im Horizont des sich entfaltenden Ereignis-Denkens stehenden Freiburger Vorlesung vom Sommersemester 1935 – fasst Heidegger die (erst)anfängliche Eröffnung des Wesens des Menschseins bei Parmenides und Heraklit gegenüber der am Ende (dieses Anfangs) vorherrschenden Definition („ἄνθρωπος = ζῷον λόγον ἔχον: der Mensch, das Lebewesen, das die Vernunft als Ausstattung hat“) in der von ihm frei gebildeten formelhaften Zusammenfassung: „φύσις = λόγος ἄνθρωπον ἔχων: das Sein, das überwältigende Erscheinen, ernötigt die Sammlung, die das Menschsein (acc.) innehat und gründet.“ (Heidegger *GA* 40: 184).

[108] Heidegger *GA* 2: 35.

[109] Die Einsicht, dass der λόγος (bzw. das λέγειν) *existenzial* im Dasein rückverwurzelt ist, ermöglicht Heidegger in der großen Marburger *Sophistes*-Vorlesung vom Wintersemester 1924/25 eine radikalere Interpretation der Dialektik Platons (vgl. Brach (1996)).

[110] Heidegger *GA* 2: 34.

men von etwas Vorhandenem in seiner puren Vorhandenheit, das schon *Parmenides* zum Leitband der Auslegung des Seins genommen" hat.[111] Parmenides ist es, der in seinem Lehrgedicht das (in Platons Dialektik übersprungene) νοεῖν als das schlicht aufdeckende Vernehmen erstmals thematisch in den Blick nimmt.

Das Fragment B 3 des parmenideischen Lehrgedichtes greift Heidegger zu Beginn des wichtigen, die Wahrheitsproblematik erörternden § 44 von *Sein und Zeit* auf:

„Die erste Entdeckung des Seins des Seienden durch *Parmenides* ‚identifiziert' das Sein mit dem vernehmenden Verstehen von Sein: τὸ γὰρ αὐτὸ νοεῖν ἐστίν τε καὶ εἶναι."[112]

Heidegger setzt „identifiziert" bewusst in Anführungszeichen, womit er zum einen auf die überlieferte Interpretation des Satzes anspielt, zum anderen sich kritisch davon abgrenzt, um zugleich den Sinn des τὸ αὐτό als ein Problem anzuzeigen, das allererst ein ursprünglicheres Verstehen des Zusammengehörens von Denken und Sein erforderlich macht.

Im Rahmen seiner Auslegung der Geschichtlichkeit der Philosophie als der Produktion der Subjektivität des absoluten Subjekts in seinen *Vorlesungen über die Geschichte der Philosophie* übersetzt und interpretiert Hegel das Fragment B 8, 34 f. folgendermaßen:

---

[111] Heidegger *GA* 2: 34 f.

[112] Heidegger *GA* 2: 282. Nach Heidegger kommt derselbe Satz und die Bestimmung des Seins noch „schärfer" in Fragment B 8, 34 (ταὐτὸν δ' ἐστὶ νοεῖν τε καὶ οὕνεκεν ἔστι νόημα.) zum Ausdruck. In der Vorlesung vom Sommersemester 1926 heißt es: „Sein schärfer bestimmt und erneut die obige These aufgenommen: *Identität von Sein und Denken.* ‚Dasselbe ist vernehmendes-besinnendes Erfassen des Seienden und das, weswegen das Erfaßte ist, was es ist' (V. 34)." (Heidegger *GA* 22: 69, vgl. 235 (Nachschrift Mörchen)) An der Deutung, dass Fragment B 8, 34 f. das Wesen des Seins „schärfer" oder „deutlicher", „eingehender", „bestimmter" fasst als Fragment B 3, hält Heidegger (bei allen Unterschieden zur früheren Deutung) auch noch später fest (vgl. Heidegger *GA* 35: 117 f.; *GA* 40: 147; *GA* 8: 243 ff., 258; *GA* 7: 237 ff., 245). Insgesamt schließt sich Heidegger von den bis zu etwa zehn verschiedenen in der Literatur genannten Übersetzungsvarianten (vgl. Schlüter (1979). § 53; Wiesner (1987); Parmenides (2016): 126 f.) dem auf Simplicius (Simplicius (1882): 87, 17 f.) zurückgehenden *Grundtypus* (οὕνεκεν = οὗ ἕνεκα) an (vgl. ausdrücklich Heidegger *GA* 86: 745–763, 761), indem er das οὕνεκεν nicht als „dass" (οὕνεκεν = ὅτι), sondern in ur-sächlichem Sinne *über*-setzt (als ursprüngliches Ineinanderspielen, Hin- und Herschwingen von finalem *und* ausgänglichem Sinn von Ur-sache, als „eine kreisartige Verbindung zwischen dem, was ist, und dem, was gedacht wird, aufgestellt: Das Seiende sei der Gegenstand, das Ziel und die Ursache, d. h. der Ursprung der Gedanken […]." (Vorsokratiker (2013): 67; vgl. auch die zwiefältige Deutung von αἴτιον/ἀρχή in: Heidegger *GA* 9: 247) Ἀρχή heißt im Griechischen Anfang (Ursprung) *und* Herrschaft (vgl. Frisk (1973) I: 158). Hans-Christian Günther sieht es zu Recht nicht als Mangel an, wenn in der anfänglichen Sprache noch eine Bedeutungsfülle waltet, die die moderne Begriffsanalyse aus-ein-ander-nimmt und Parmenides als deren logisch noch primitive Vorstufe betrachtet (Günther (1997): bes. 174). Die Verbindung der Begriffe νοεῖν und νόημα in Fragment B 8, 34 birgt aber noch weit mehr als Fragment B 3 die Gefahr in sich, das Fragment als Vorstufe des neuzeitlichen (subjektiven) Idealismus auszulegen (wie bei Hegel, der im nun folgenden Text zitiert wird).

„‚Das Denken und das, um weswillen der Gedanke ist, ist dasselbe. [...]' Das ist der Hauptgedanke. Das Denken produziert sich; was produziert wird, ist ein Gedanke; Denken ist also mit seinem Sein identisch, denn es ist nichts außer dem Sein, dieser großen Affirmation."[113]

Der Satz des Parmenides (Frgm. B 3) „innerhalb der ungeschmälerten Wirkungssphäre *des* Schicksals, das sich mit *Parmenides* für unsere Geistes- und Daseinsgeschichte bzw. deren Interpretationstendenz entschieden hat", darf für Heidegger aber keinesfalls, wie er bereits in seiner Freiburger Vorlesung *Ontologie (Hermeneutik der Faktizität)* vom Sommersemester 1922 ausführt, als eine antike Vorwegnahme des neuzeitlichen Idealismus interpretiert werden:

„Allerdings ist dieser Satz frei zu halten von anderen, nach ihren hermeneutischen Grundlagen unkritischen Interpretationen dergestalt, wie sie diesen Satz als erstmalige idealistische Grundeinsicht in Anspruch nehmen: Alles Seiende ist, was es ist, als konstituiert im Denken, Bewußtsein; Objekt im Subjekt".[114]

Kurt Riezler (1882–1955) verweist in seiner von *Sein und Zeit* angeregten Parmenides-Interpretation (1934) darauf, dass das τὸ αὐτό die ursprüngliche Zusammengehörigkeit und Verwiesenheit, das „Verhältnis des nicht ohneeinander, weil nur ineinander und durcheinander Sein" besagt, nicht aber „die Identität eines gesetzten Einfachen mit sich selbst (A = A)".[115] Die angesprochene ursprüngliche Verwiesenheit geht, wie Riezler erläutert, auch über das Verhältnis „der bloßen ‚Korrelation'" (auch der Korrelation von Noesis und Noema im Sinne Edmund Husserls[116]) hinaus:

„Die Korrelation setzt A und B als getrennte Leerstellen und verknüpft ihre Werte oder Inhalte in gegenseitiger Abhängigkeit."[117]

Eine ausführliche Auslegung des τὸ αὐτό gibt Heidegger erstmals in der Freiburger Vorlesung *Einführung in die Metaphysik* vom Sommersemester 1935. Das ursprünglich Einige der Einheit ist nicht Selbigkeit als „bloße Gleich-gültigkeit",

---

[113] Hegel (1969–1979) 18: 289 f.; vgl. dazu Heidegger *GA* 7: 240 f.; *GA* 8: 247; *GA* 9: 427–444, 435 f. Zu verweisen ist auch auf Hegels Vorrede zur *Phänomenologie des Geistes* (1807), in der er sagt, „daß das Sein Denken ist" (Hegel (1969–1979) 3: 53). Es ist auffällig und sicherlich kein Zufall, dass – wie auch in George Berkeleys bekannter Formulierung „esse = percipi" (vgl. Heidegger *GA* 7: 240, 242; *GA* 8: 255; *GA* 86: 756, 758) – gegenüber Parmenides' Fragment B 3 die Wortstellung nun *umgedreht* ist, „das Sein *Denken* ist". Die Betonung in der idealistischen Auslegung Hegels liegt auf dem *Denken*: „alles Seiende ist durch das Denken gesetzt" (Heidegger *GA* 35: 120).

[114] Heidegger *GA* 63: 91 f.

[115] Parmenides (2001): 60 f. Außer auf das bahnbrechende *Parmenides*-Buch von Karl Reinhardt (Reinhardt (2012)) beruft sich Riezler auf den Anstoß, den er *Sein und Zeit* verdankt (vgl. Gadamer (1985): 49–57, bes. 50; ferner 30–38, 38–49, 278–291. Umgekehrt verweist Heidegger in seiner Aufzeichnung zu den ‚Vorlesungen und Seminarübungen seit dem Erscheinen von ›Sein und Zeit‹' auf Kurt Riezlers *Parmenides*-Studie von 1934 (Heidegger *GA* 86: 889–893, 890).

[116] Vgl. Husserl (1976): §§ 87–135.

[117] Parmenides (2001): 60.

nie „leere Einerleiheit“ im Sinne des Zur-Deckung-Kommens, sondern „Zusammengehörigkeit“ des Unterschiedenen im Einigen der Einheit.[118] Das τε καί verweist (nach dieser späteren Deutung) darauf, dass „Sein und Denken im gegenstrebigen Sinne einig, d. h. dasselbe sind *als* zusammengehörig“.[119]

Auf dem Boden der neuzeitlichen Subjektivität erhält jener Satz des Parmenides die „großartigste Variation“ in Immanuel Kants oberstem Grundsatz aller synthetischen Urteile a priori:

„‚Die Bedingungen der *Möglichkeit der Erfahrung* überhaupt sind zugleich Bedingungen der *Möglichkeit der Gegenstände der Erfahrung*...‘ ([Kritik der reinen Vernunft] A 158, B 197). Das ‚zugleich‘ ist die Kantische Auslegung des τὸ αὐτό, des ‚das Selbe‘.“[120]

Das νοεῖν als das schlicht aufdeckende Vernehmen des Seienden in seinem Sein verweist auf das Wahrheitsphänomen, das für Heidegger in § 44 von *Sein und Zeit* am Leitfaden des *seins*verstehenden Daseins ursprünglicher zu fassen ist:

„Wenn *Wahrheit* aber mit Recht in einem ursprünglichen Zusammenhang mit *Sein* steht, dann rückt das Wahrheitsphänomen in den Umkreis der fundamentalontologischen Problematik.“[121]

Die Ontologie des *Daseins* ist für Heidegger keine regionale Ontologie neben anderen, sondern *die fundamentale Ontologie*. Daher heißt es in einem zentralen, nur aus einem Satz bestehenden Absatz in § 4 von *Sein und Zeit*, dass „die *Fundamentalontologie*, aus der alle andern erst entspringen können, in der *existenzialen Analytik des Daseins* gesucht werden“ muss.[122] Heideggers grundlegende Einsicht, dass die Griechen sich über das Wesen der Wahrheit in einem *privativen* Ausdruck (ἀ-λήθεια[123]) aussprechen, die jeweilige faktische Entdecktheit des Seienden „gleichsam immer ein *Raub*“ ist,[124] ist auch leitend für seine Deutung des parmenideischen Lehrgedichtes, insbesondere für das Problem des Zusammenhangs der beiden Teile.

---

[118] Heidegger *GA* 40: 147.
[119] Heidegger *GA* 40: 147.
[120] Heidegger *GA* 8: 246.
[121] Heidegger *GA* 2: 283.
[122] Heidegger *GA* 2: 18. Vordeutend spricht Heidegger schon im sogenanntem „Natorp-Bericht“ vom Herbst 1922, der – wie auch diese Stelle bestätigt – „als die Keimzelle von *Sein und Zeit*“ (Figal (2020): 26) bezeichnet werden kann, von einer *prinzipiellen Ontologie* des faktischen Lebens (Heidegger *GA* 62: Anhang III, 364).
[123] Dass die privative Deutung von ἀ-λήθεια als Un-verborgenheit nicht nur der Etymologie entspricht, sondern vor allem auch den ursprünglich im Griechischen empfundenen Wortsinn trifft, kann heute schon fast als die *communis opinio* gelten (vgl. z. B. ‚ἀληθείη‘ und ‚ἀληθής‘ in: Snell (1979): 476 f.; zu Heidegger vgl. Helting (1997)).
[124] Heidegger *GA* 2: 294.

c) Das Problem des Zusammenhangs der beiden Teile des Lehrgedichtes

α) Die Neuinterpretation des Zusammenhangs des Aletheia- und des Doxa-Teils von Karl Reinhardt (1916) in der Auseinandersetzung mit der bisherigen Deutung des Doxa-Teils als bloßer Nachtrag (hypothetische Welterklärung oder Doxographie)

Der Zusammenhang der beiden Teile des Lehrgedichtes (Aletheia-Teil und Doxa-Teil) bildete ein zentrales Problem in der Philosophiegeschichte. Eine Anmerkung in § 44 b) von *Sein und Zeit* verweist auf die bahnbrechende Untersuchung des deutschen Altphilologen Karl Reinhardt (1886–1958), deren Bedeutung für die damalige Parmenides-Forschung heute kaum mehr nachvollzogen werden kann. In der Anmerkung heißt es:

„*K. Reinhardt* hat, vgl. Parmenides und die Geschichte der griechischen Philosophie (1916), zum erstenmal das vielverhandelte Problem des Zusammenhangs der beiden Teile des parmenideischen Lehrgedichts begriffen und gelöst, obwohl er das ontologische Fundament für den Zusammenhang von ἀλήθεια und δόξα und seine Notwendigkeit nicht ausdrücklich aufweist.“[125]

Reinhardts Untersuchung ist, wie der Autor in der Einleitung vorausschickt, vom hermeneutischen Ansatz geleitet, „daß Parmenides einmal zu Worte komme“, er auch „einmal für sich allein gehört“ werde, „ohne Rücksicht auf den Streit der Schulen und den Fortschritt des Gedankens“.[126] Zu diesem Ansatz gehört die hermeneutische Vorgabe, „daß diese Lehre ein völlig in sich geschlossenes, in sich selbst ruhendes Ganzes ist“.[127] Die Alternative, über die man bisher in der Deutung des zweiten Teils nicht hinaus kam, war die zwischen Hypothese und Polemik (Bericht, Doxographie, Eristik).[128] Die von Reinhardt und Heidegger für unangemessen gehaltene Interpretation aus dem „Fortschritt des Gedankens“ trifft vor allem für die „Hypothese“ zu, die die Kosmogonie des zweiten Teils aus dem Horizont der modernen Physik als deren Vorstufe deutet. Die Weltordnung, wie sie im zweiten Teil beschrieben wird, ist für Ulrich von Wilamowitz-Moellendorff (oder -Möllendorff) (1848–1931), den Berliner Lehrer Reinhardts, zwar keine „absolute Wahrheit“, aber doch „eine in sich geschlossene und durchaus wahrscheinliche“ Hypothese, die „in einer probehaltigen Weise Realität“ hat.[129] Nach Hans

[125] Heidegger *GA* 2: 295, Anm. 20; vgl. bereits *GA* 22: 57, 62–64; *GA* 62: 210–214; vgl. auch *GA* 35: 113.

[126] Reinhardt (2012): 4.

[127] Reinhardt (2012): 17, vgl. 43.

[128] Vgl. Reinhardt (2012): 5 ff., 26 ff. Ein kurze Darlegung gibt auch: Heidegger *GA* 22: 63.

[129] Wilamowitz-Möllendorff (1899): 204 f. Der Deutung des zweiten Teils als eine Art von hypothetischer, problematischer oder wahrscheinlicher (plausibler) Physik schlossen sich u. a. an: Gomperz (1973): 150; Ueberweg (1967): 85; Windelband (1923): 42; Zeller (1963): 725. Zeller (Zeller

Vaihingers (1852–1933) *Philosophie des Als Ob* (1911) können dagegen die Elemente der empirischen, geteilten Welt aufgrund ihres im ersten Teil des Lehrgedichtes, der Metaphysik, explizit ausgesprochenen Scheincharakters keine Hypothesen sein, sondern „bloße Fiktionen".[130] Die Deutung des Doxa-Teils als eine Art von hypothetischer Welterklärung wird auch in der neueren Literatur (wieder) vertreten.[131] Dagegen bemerken Geoffrey S. Kirk, John E. Raven und Malcolm Schofield in ihrem vielzitierten Buch *Die vorsokratischen Philosophen. Einführung, Texte und Kommentare* lediglich, dass „der Status und das Motiv" der im Doxa-Teil gegebenen Darstellung „obskur" sind.[132]

Die Beurteilung des Doxa-Teils als Bericht oder Doxographie wurde vor allem von Hermann Diels (1848–1922) vertreten.[133]

Die kurzen Hinweise verdeutlichen, dass die Vorsokratiker-Forschung erst seit Reinhardt begonnen hat, überhaupt einen Stand *wissenschaftlicher* Forschung zu erreichen, der für Platon und Aristoteles schon früher eingeleitet worden war. Reinhardt hat für Heidegger „diese Auffassungen mit stichhaltigen Beweisen als unmöglich aus dem Felde geschlagen und zugleich positiv auf eine neue Möglichkeit hingewiesen", wenngleich bei ihm das existenzial-ontologische Fundament des „Wahrheitsproblem[s] im eigensten Zusammenhang mit [dem] Seinsproblem" nicht zur Aufweisung kam.[134]

β) Heideggers existenzial-ontologische Deutung der Aletheia und der Doxa als die dem Dasein aufgegebene Ent-scheidung zwischen In-der-Wahrheit-sein (Eigentlichkeit) und In-der-Unwahrheit-sein (Uneigentlichkeit oder Verfallen)

Die im Proömium eingeführte namenlose Göttin, θεά (Frgm. B 1, 22), deutet Heidegger als „die Göttin der Wahrheit".[135] Die Textstelle lautet:

„Daß die Göttin der Wahrheit, die den *Parmenides* führt, ihn vor beide Wege stellt, den des Entdeckens und den des Verbergens, bedeutet nichts anderes als: das Dasein ist je schon in der Wahrheit und Unwahrheit. Der Weg des Entdeckens wird

(1963): 725, Anm. 3) und Windelband (Windelband (1923): 42, Anm. 4) aktualisierten ihre Darstellungen, indem sie auf den Begriff der „Fiktion" aus Hans Vaihingers *Die Philosophie des Als Ob* (Vaihinger (1986)) verwiesen. Aber auch noch für M. Laura Gemelli Marciano ist der „dritte Weg", der Weg der Doxa, „der fiktive Weg", „nur eine Fiktion der Menschen" (Vorsokratiker (2013): 64).

130 Vaihinger (1986): 236 f.; vgl. dazu Neumann (2006b): 140 f.

131 Vgl. z. B. Röd (2009): 115–136.

132 Kirk – Raven – Schofield (1994): 266.

133 Diels (2003): 63; u. a. übernommen von Burnet (1913): 170 ff.

134 Heidegger *GA* 22: 63 f.

135 Die Deutung der namenlosen Göttin ist in der Forschung umstritten (vgl. Parmenides (2016): 154–164).

nur gewonnen im κρίνειν λόγῳ, im verstehenden Unterscheiden beider und Sich-entscheiden für den einen."[136] Wie Heidegger später ausführt, nämlich in seiner Freiburger *Parmenides*-Vorlesung vom Wintersemester 1942/43, ist die Redewendung von einer Göttin ‚der' Wahrheit missverständlich, weil sie die Vorstellung erweckt, dass unter deren göttlichem Schutz und Segen daneben noch ‚die Wahrheit' stehe. Vielmehr ist sie *selbst* – ‚die Wahrheit' – die Göttin.[137] Sie ist vor allem auch nicht nur „eine abstrakte Personifikation eines Begriffes", „eine poetische Umkleidung abstrakter Begriffsarbeit".[138]

Das κρίνειν λόγῳ ist ein Ausschnitt aus Fragment B 7, 5 und verweist nach Heideggers Auslegung auf das verstehend-aufschließende Dasein. In der Vorlesung vom Sommersemester 1922 gibt Heidegger eine Übersetzung von Fragment B 7, 2–6 (nach der 6., verb. Aufl. von Diels – Kranz). Zunächst soll aber der griechische Text und die neue Übersetzung von Helmuth Vetter zitiert werden:

ἀλλὰ σὺ τῆσδ' ἀφ' ὁδοῦ διζήσιος εἶργε νόημα
μηδέ σ' ἔθος πολύπειρον ὁδὸν κατὰ τήνδε βιάσθω,
νωμᾶν ἄσκοπον ὄμμα καὶ ἠχήεσσαν ἀκουήν
καὶ γλῶσσαν, κρῖναι δὲ λόγῳ πολύδηριν ἔλεγχον
ἐξ ἐμέθεν ῥηθέντα.

„du aber, schließe von diesem Weg den Gedanken des Suchens aus,
damit dich nicht allzu kluge Gewohnheit dränge auf diesen Weg,
zu gebrauchen ein zielloses Auge, ein von Geräuschen erfülltes Ohr
und die Sprache. Entscheide doch auch durch Rechenschaftslegung
den viel bestritt'nen Beweis,
den von mir angesagten."[139]

Nach Heideggers Vorlesung vom Sommersemester 1922 lautet die Übersetzung:

„[2] Diesem Weg der Forschung aber ⟨der δόξα⟩ verschließe die Hinsicht und nicht soll Dich zwingen ⟨Zwang – Last⟩ vielkundige überlieferte Umgangsgeneigtheit ⟨ἐμπειρία!⟩, *den* Weg zu gehen: sichloslassen ⟨geschickt⟩ in zielloses Herumsehen ⟨Neugier⟩, in das *Hören* auf lärmendes Durcheinanderreden [5] und in das Geschwätz, sondern wähle vielmehr aus im ⟨ausdrücklichen⟩ Spruch die umstrittene prüfende Vorgabe,[140] die von mir gesagte."[141]

---

[136] Heidegger *GA* 2: 294 f.
[137] Heidegger *GA* 54: 7.
[138] Heidegger *GA* 7: 253; vgl. schon Reinhardt (2012): 67; ferner Günther (1998): 22 ff.
[139] Parmenides (2016): 107.
[140] Übersetzung der entscheidenden Worte (Frgm. B 7, 5): κρῖναι δὲ λόγῳ πολύδηριν ἔλεγχον.

Zum Vergleich sei auch Heideggers spätere Übersetzung aus seiner Vorlesung vom Sommersemester 1935 angeführt:

3 „und gar nicht soll dich die recht gerissene Gewohnheit in die Richtung dieses
Weges zwingen,
daß du dich verlierst im nicht-sehenden Gaffen und im lärmvollen Hören
5 und in der Zungenfertigkeit, sondern entscheide scheidend, indem du in eins
gesammelt vor dich hinstellst die Aufweisung des vielfachen Widerstreits,
6 die von mir gegeben.“[142]

Maßgeblich ist nur die unterschiedliche Übersetzung von κρῖναι δὲ λόγῳ (Frgm. B 7, 5). Heidegger wendet sich im späteren Denken mehr und mehr dem Zuspruch (Wink) der Sprache zu, indem er auf ihre Wurzelbedeutungen hört, in denen noch ein ursprüngliches Verständnis verwahrt ist. Der λόγος ist das sammelnd-eröffnende Vernehmen der zugesprochenen Aufweisung durch den Menschen, um sie so wissend zu übernehmen und zu bewahren, und steht hier (als das „*auslesende* ‚Lesen‘“) „im engsten Verband mit κρίνειν, dem Scheiden als Ent-scheiden im Vollzug der Sammlung auf die Gesammeltheit des Seins.“[143] Heidegger hört hier auf die Wurzelbedeutung von λέγειν als ‚lesen, sammeln‘. In beiden Übersetzungen ist für den Weg der δόξα unschwer das herauszuhören, was Heidegger in *Sein und Zeit* als die Uneigentlichkeit des *Verfallens* bezeichnet und näher charakterisiert als „Das Gerede“ (§ 35), „Die Neugier“ (§ 36) („Neugier“ ist in der oben angeführten Übersetzung von 1922 sogar schon explizit genannt), „Die Zweideutigkeit“ (§ 37), d. h. das faktische „Verlorensein in die Öffentlichkeit des Man“[144].

Das Da-sein ist in der existenzial-ontologischen Interpretation Heideggers *je schon* in der Wahrheit und in der Unwahrheit, weil es in seiner faktischen *Geworfenheit* vor die beiden Grundmöglichkeiten des existierenden In-der-Welt-seins, die Eigentlichkeit und die Uneigentlichkeit („schärfer“ bestimmt als das Verfallen[145]), gebracht ist. Der Offenbarungscharakter der göttlichen Weisung im Proömium des Lehrgedichtes verweist darauf, dass *wir* vor die Ent-scheidung des Entdeckens oder Verbergens des Seienden in seinem Sein *gebracht* sind, wenn auch das existenzial-ontologische Fundament der geworfen-entworfenen Erschlossenheit des Da-seins (als die *ursprünglichste* Wahrheit) noch ungenannt bleibt.[146] Die *beiden*

[141] Heidegger *GA* 62: 223. (Die Keilklammern ⟨…⟩ kennzeichnen erläuternde Ergänzungen Heideggers zur Übersetzung, die Ergänzung der Verse in eckigen Klammern stammt vom Verf.)
[142] Heidegger *GA* 40: 182.
[143] Heidegger *GA* 40: 182.
[144] Heidegger *GA* 2: 233, vgl. 168–173.
[145] Heidegger *GA* 2: 233.
[146] Zur Unterscheidung der Termini „Entdecktheit“ (des nicht-daseinsmäßigen Seienden) und „Erschlossenheit“ (des seinsverstehenden Da-seins) in *Sein und Zeit* vgl. Vetter (2014): 257 f. und 262.

Wege[147] sind nach Heideggers (früher) Deutung also die der Wahrheit, ἀλήθεια, und des Scheins, δόξα (des Scheins, des Geredes, des Verfallens an das „Man"), wobei letzterer für ihn aber nicht als eine „*völlige* Verborgenheit"[148] zu verstehen ist, sondern selbst noch „als *zugehörig zur Wahrheit*"[149]. „Unwahrheit setzt für ihn [Parmenides] eigenste Möglichkeit der Wahrheit voraus."[150] Der Weg des Scheins, dem wir zunächst und gewöhnlich verfallen sind, kann nicht überwunden werden durch eine immanente Widerlegung, Aufdeckung innerer Widersprüche, „sondern erst, wenn er in seinem Ursprung verstanden ist"[151], das heißt, mit Kurt Riezler gesprochen, wenn „der Schein *als* Schein, […] Getrenntes als ursprünglich Eines durchschaubar bleibt"[152]. Der Weg der Wahrheit ist der Weg *gegen* den Schein *zu* den Phänomenen. Das Zwanghafte verweist darauf, dass das *faktische* Verfallen, in dem das Dasein zunächst und zumeist existiert, nicht als ein Versäumnis des Menschen anzusehen ist. In der Vorlesung vom Sommersemester 1926 heißt es dazu:

„Auf diesen Weg [des Scheins] zwingt immer schon von selbst πολύπειρον ἔθος (vgl. Fragm 7, V. 3), die ‚Gewohnheit der Vielerfahrenen', das Übliche, das, was man so gemeinhin von den Dingen weiß und wie man davon redet. ἀκουή – γλῶσσα – ὄμμα (vgl. Frgm. 7, V. 4 sq.), nächster Augenschein. Wir sind schon immer auf diesem Wege der Notwendigkeit. Sofern das Dasein ist, ist es auch schon in der Unwahrheit. Nichts, was lediglich seitab liegt, dahin man sich gelegentlich verirrt, sondern das Dasein ist schon auf ihm, sofern es überhaupt unterwegs ist."[153]

Weil die Wahrheit (als Entdecktheit des Seienden) dem (in gewisser Weise) „auch schon Entdeckte[n] *gegen* den Schein und die Verstellung" daher „immer

---

[147] Heidegger spricht in *Sein und Zeit* (Heidegger *GA* 2: 294 f.) wie auch in der Vorlesung *Die Grundbegriffe der antiken Philosophie* (Heidegger *GA* 22: 64, 66) vom Sommersemester 1926 die (möglichen) Wege ausdrücklich an als „beide Wege" oder „zwei Wege". Zunächst in seiner Auslegung des Lehrgedichts in der Vorlesung *Der Anfang der abendländischen Philosophie* vom Sommersemester 1932 (Heidegger *GA* 35: § 21) und dann in der Vorlesung *Einführung in die Metaphysik* vom Sommersemester 1935, die schon im Horizont des sich entfaltenden Ereignis-Denkens stehen, spricht er dagegen explizit von „drei Wegen" bzw. einem „Dreiweg". In der Vorlesung von 1935 heißt es: „Vernehmung ist Durchgang durch die Kreuzung des Dreiweges. Das kann sie nur werden, wenn sie von Grund aus *Ent-scheidung* ist *für* das Sein *gegen* das Nichts und somit Auseinandersetzung *mit* dem Schein." (Heidegger *GA* 40: 177, vgl. 117–122; vgl. auch *GA* 8: 179, 262) An dieser Deutung hält Heidegger dann bis zuletzt fest (vgl. Heidegger *GA* 15: 403).

[148] Heidegger *GA* 2: 294 (Hervorhebung vom Verf.). Der „Schein" ist hier noch (im Unterschied zur späteren Auslegung) im Sinne von § 7 von *Sein und Zeit* primär verstanden als „bloßer Schein", Anschein (nicht wie später als „Erscheinung", als das, was den Menschen, den Sterblichen, erscheint, sich ein Ansehen gibt), d. h. als „privative Modifikation von Phänomen" (Heidegger *GA* 2: 39) als dem Sich-an-ihm-selbst-zeigen. Vgl. auch Heidegger *GA* 22: 64: „Der *Weg des Scheins*: Schein ist, was nur so aussieht wie, aber nicht ist. Schein ist der Gegenspieler zu dem, was *sich zeigt*."

[149] Heidegger *GA* 22: 64.

[150] Heidegger *GA* 22: 64.

[151] Heidegger *GA* 22: 64; vgl. auch *GA* 62: 212.

[152] Parmenides (2001): 44 (Hervorhebung vom Verf.).

[153] Heidegger *GA* 22: 64 f.

erst abgerungen werden" muss,[154] stehen die beiden Teile des Lehrgedichtes in einem ausgezeichneten wechselseitigen Bezug.

γ) Der Weg der πίστις ἀληθής, des „vertrauenden Vertrautseins mit dem Unverborgenen"[155], und der Weg der Doxa

Fragment B 1, 28–32 stellt für Heidegger „die Verklammerung der beiden Teile" (Aletheia-Teil und Doxa-Teil) des Lehrgedichtes dar, die auch Reinhardt „zum Ausgang seiner Interpretation" nimmt.[156] Es soll zunächst der griechische Text und die Übersetzung von Helmuth Vetter der Verse 28–32 genannt werden:

28 ἀλλὰ θέμις τε δίκη τε. χρεὼ δέ σε πάντα πυθέσθαι
ἠμὲν Ἀληθείης εὐκυκλέος ἀτρεμὲς ἦτορ
30 ἠδὲ βροτῶν δόξας, ταῖς οὐκ ἔνι πίστις ἀληθής.
ἀλλ' ἔμπης καὶ ταῦτα μαθήσεαι, ὡς τὰ δοκοῦντα
32 χρῆν δοκίμως εἶναι διὰ παντὸς πάντα περῶντα.

28 „sondern es waren Satzung und Recht. Not aber ist, dass du alles erfährst:
sowohl der Wahrheit wohlgerundetes, ruhiges Herz
30 als auch der Sterblichen Meinungen, in denen nicht wahres Vertrauen wohnt.
Aber auch dies wirst du lernen, dass das, was erscheint,
32 notwendig ist und, indem sich's ein Ansehen gibt, durch alles hindurch alles durchdringt."[157]

Es sei hier noch die Übersetzung der strittigen Verse 30–31 des Altphilologen Hans-Christian Günther genannt, die hier in seine Gesamtinterpretation des Proömiums des Lehrgedichtes eingeordnet ist:

30 „Aber auch dies wirst du gleichwohl kennenlernen, daß für das, was man annimmt,
Not war, in annehmbarer Weise zu sein, alles ganz und gar durchziehend."[158]

---

[154] Heidegger *GA* 2: 294.
[155] Heidegger *GA* 62: 211, vgl. 219.
[156] Heidegger *GA* 62: 215, Anm. 9. Die nur in den Nachschriften vorliegende Übersetzung dieser Verse ist nicht verlässlich und wurde vom Herausgeber nicht aufgenommen (vgl. ebd.).
[157] Parmenides (2016): 72 f., vgl. 89–91.
[158] Günther (1998): 64. Ähnlich übersetzt M. Laura Gemelli Marciano: „Aber gleichwohl wirst du auch dies lernen, wie die [menschlichen] Meinungen | angesehen sein müssten, wenn sie durchaus alle Dinge durchdringen." (Vorsokratiker (2013): 13 (Eckige Klammern in der Übersetzung)).

Günthers (übertriebenes) Rekurrieren für seine Übersetzung „daß für das, *was man annimmt*, Not war" – statt „dass das, *was erscheint*, notwendig ist" (Vetter) – auf das griechische Wort χρή, „es braucht, ist nötig, man muss"[159], ist nicht ganz überzeugend. Heidegger hält sich in seiner im Folgenden genannten Übersetzung an die ebenso mögliche schwächere Bedeutung von χρή als „du sollst" (im Imperfekt χρῆν häufig auch als Konjunktiv „du hättest ... sollen" gebraucht[160]).

In seiner Vorlesung vom Sommersemester 1932 übersetzt Heidegger:

> „28) (nicht böses Geschick), sondern Satzung sowohl als Fug. Es besteht aber die Notwendigkeit (für dich, der du diesen Weg jetzt antrittst), daß du alles erfährst, sowohl der schönkugeligen Unverborgenheit schlagloses Herz [vgl. S.S. 35, S. 43ob.] als auch der Menschen Ansichten, in denen kein Verlaß auf das Unverborgene ist. 30) Aber bei dem allen (gleichwohl) sollst du *auch das* kennen lernen, wie das Scheinende daran gehalten bleibt, schein(mäßig) durch alles hindurchzuziehen, alles verfertigend, *bildend*."[161]

Eine ähnliche Übersetzung gibt Heidegger auch noch in seiner *Parmenides*-Vorlesung vom Wintersemester 1942/43, nur spricht er hier noch deutlicher – entsprechend seiner (gewandelten) Auslegung (wie wir in § 7 noch sehen werden) – von: „das den Sterblichen *scheinende Erscheinen*" und „durch *alles hindurchscheint*". Er übersetzt:

„30 als auch das den Sterblichen scheinende Erscheinen, dem nicht einwohnt Verlaß auf das Unverborgene. Doch gleichwohl auch dieses wirst du wissen lernen, wie das Scheinende
32 (in der Not) gebraucht bleibt, scheinmäßig zu sein, indem es durch alles hindurchscheint und (also) auf solche Weise alles vollendet."[162]

Die Verse 31 und 32 gelten vor allem ihrem philosophischen Gehalt nach, aber auch philologisch „zu den umstrittensten der griechischen Literatur überhaupt"[163], nicht nur des parmenideischen Lehrgedichtes. Heideggers Auslegung und Übersetzung der beiden umstrittenen Verse stimmt hier im Wesentlichen, was die eigentli-

---

[159] Pape (1914), Bd. 2: 1372. Die Übersetzung von Χρή mit „Es brauchet" greift Heidegger später in seiner Freiburger Vorlesung vom Sommersemester 1952 auf (Heidegger *GA* 8: 185 ff.; vgl. Schlüter (1979): §§ 25–27).

[160] Pape (1914), Bd. 2: 1372.

[161] Heidegger *GA* 35: 109. (Ergänzung in eckigen Klammern von Heidegger (Bezug auf: Heidegger *GA* 40: 120)).

[162] Heidegger: *GA* 54: 13 f.

[163] Thanassas (1997): 36.

che Aussage angeht, mit der Ausgabe von Vetter überein. Auf die philologischen Probleme kann hier nicht eingegangen werden.[164] Wie Heidegger an späterer Stelle der Vorlesung von 1932 noch weiter erläutert, gibt sich dieses *den Menschen* Erscheinende aber „gerade als das Seiende, der Schein ist das vermeintliche Sein."[165] Das den Menschen erscheinende Seiende, das sich so ein gewisses Ansehen gibt, ist nur das „vermeintliche Sein", ein Anschein von Sein, nicht das eigentliche und wahre Sein.

*

Die Interpretation zielt für den frühen Heidegger deshalb auf ein Verständnis des Wahrheitsbesitzes, der πίστις ἀληθής (Frgm. B 1, 30) des Parmenides, weil sie nichts anderes ausdrückt als eine *ursprüngliche Seinsbegegnung* (Grunderfahrung), „in der so etwas wie Seiendes im Wie von Sein sichtbar wird".[166] Die Seinsbegegnung, in der das Seiende ursprünglich und schlicht da ist, ist so schlicht, wie sie im erhellenden Ansprechen einfach und sicher ist (βεβαίως, Frgm. B 4, 1). Eine stichwortartige Anmerkung Heideggers in seiner Vorlesung vom Sommersemester 1922 verweist eindeutig darauf, dass die Schlichtheit der Seinsbegegnung im νοεῖν und entsprechend die Unansprechbarkeit (οὐ γὰρ φατόν) des Nichtseins nicht als *Aussagesatz* verstanden werden darf:

„nur Hinsehen *νοεῖν* – οὐ γὰρ φατόν ⟨Frgm. 8, 8⟩, nicht λέγειν und λόγος, also zu *weit*! – *Daß! im Zusammenhang mit νοεῖν Frgm. 8, 9.*"[167]

Entsprechend übersetzt Heidegger Fragment B 8, 8–9:

8 „Denn unansprechbar und nicht vermeinbar ist es [das Seiende] in einem Charakter des Nichtseins."[168]

Heidegger verweist mit Blick auf das vollziehende (sich zeitigende) Leben (menschliche Dasein) auf den „eigene[n] Vollzugscharakter" des „Behalten[s]": „es ist *abstoßendes Verjagen* jeglicher aus der δόξα sich andrängenden Ansprechenstendenz."[169] Damit ist aber ein Phänomen angesprochen, das auf die existenzielle Befindlichkeit unseres sorgenden und fürsorgenden In-der-Welt-seins ver-

---

[164] Vgl. Marcinkowska-Rosól (2007).

[165] Heidegger *GA* 35: 186.

[166] Heidegger *GA* 62: 220.

[167] Heidegger *GA* 62: 221, Anm. 29 (Ergänzung in Keilklammern ⟨…⟩ vom Herausgeber), vgl. 222; vgl. auch *GA* 35: 156. Diese Interpretation Heideggers ist in Übereinstimmung mit Klaus Held, der sich mit überzeugenden Argumenten mit der gegenteiligen Ansicht von Ernst Tugendhat auseinandersetzt (Held (1980): bes. 494 ff.; vgl. Tugendhat (1992)).

[168] Heidegger *GA* 62: 218 (Ergänzung in eckigen Klammern vom Verf.).

[169] Heidegger *GA* 62: 221.

weist und „in der abstoßenden verjagenden Sicherung des einzigen Seins" gegen den „Seinsverlust"[170] (oder jegliche Negativität, Auflösung, Zerfall und Tod[171]) zu sehen ist. Es zeigt sich hier das Problem, dass Wahrheitsbesitz und Seinsbewahrung (im Sinne des Parmenides) in ihrer abstoßenden Tendenz (von der Doxa) – von Heideggers Daseinsanalytik aus betrachtet – doch eher dem *Verfallen* zuzuschlagen sind. Wie er nämlich bereits im „Natorp-Bericht" vom Herbst 1922 ausführt, wird im „Wegsehen vom Tode" gerade die *eigentliche* Daseinsweise (des In-der-Wahrheit-seins) *verfehlt*:

„Das Wegsehen vom Tode ist aber doch so wenig ein Ergreifen des Lebens an ihm selbst, daß es gerade ein Ausweichen des Lebens vor sich selbst und seinem *eigentlichen* Seinscharakter wird. [...] Im *zugreifenden* Haben des *gewissen* Todes wird das Leben an ihm selbst sichtbar."[172]

§ 5 Resümee

Die Einsicht in die gewisse Umkehrung, die die Aletheia und die Doxa in Heideggers *existenzial-ontologischer* Auslegung auf dem Boden des seinsverstehenden Daseins erfahren, bestätigt, dass es dem frühen Heidegger weniger um eine *inhaltliche* Ausdeutung der einzelnen Fragmente des Lehrgedichtes ankommt als vielmehr um eine Explikation der grundlegenden Seins- und Wahrheitsproblematik – eine hermeneutische Freilegung dessen, was im ausgelegten Text selbst mehr oder weniger *unausdrücklich* bleibt.

Eine philologisch jedenfalls ausgewiesene Auslegung der einzelnen Fragmente des Lehrgedichtes als solcher und ihrer inneren Zusammenhänge gibt erst der spätere Heidegger ab dem Sommersemester 1932.

---

[170] Heidegger *GA* 62: 221 f.

[171] Cicero (Cicero (1996): 28–31) nennt in seiner Schrift *De natura deorum* (I 11, 28) als Formen des Untergangs (unter Verweis auf den Doxa-Teil des Parmenides) neben Krieg (bellum) und Zwietracht (discordia) noch Begierde (cupiditas), Krankheit (morbus), Schlaf (somnus), Vergessen (oblivio) und Alter (vetustas) (28 A 37 nach Diels – Kranz).

[172] Heidegger *GA* 62: Anhang III, 359 (1. Hervorhebung vom Verf.), vgl. auch 180 f.

II
Die Parmenides-Rezeption auf dem Weg zum Ereignis-Denken
Die Vorlesung vom Sommersemester 1932[173]

§ 6 Vorbemerkung

Heidegger gibt im dritten Teil (§§ 18–23) seiner Freiburger Vorlesung vom Sommersemester 1932, die erst im Jahre 2012 herausgegeben wurde, die umfangreichste und in sich einheitliche Auslegung des parmenideischen Lehrgedichtes im Ganzen, sowohl des Aletheia-Teils (Frgm. B 1 – B 8) als auch des Doxa-Teils (Frgm. B 9 – B 19). Die hier gegebene Auseinandersetzung mit Parmenides (und Anaximander) kann einerseits selbst als ein gewisser Weg *in* das Ereignis-Denken betrachtet werden, andererseits steht sie selbst im Horizont einer geschichtlichen Besinnung, die das sich entfaltende Ereignis-Denken kennzeichnet (vgl. oben § 3). Nach Heideggers eigener Aussage stand der Plan, der in diesem „Entwurf ‚Vom Ereignis' seine erste Gestalt gewinnt", gemeint sind die in den Jahren 1936 bis 1938 ausgearbeiteten *Beiträge zur Philosophie (Vom Ereignis)*, seit dem Frühjahr 1932 „in den Grundzügen [...] fest".[174]

§ 7 Die Auslegung der Fragmente des Aletheia-Teils des Lehrgedichtes

Zu Heideggers umfangreicher Auslegung des Lehrgedichtes kann nur eine gewisse Übersicht gegeben werden und können nur einige charakteristische Textabschnitte herausgegriffen werden, die sich gerade von der üblichen Parmenides-Interpretation abgrenzen.

Wie Heidegger auch hier als hermeneutischen Leitfaden herausstellt, ist die eigentliche Besinnung auf die Wege *„die Frage nach dem Wesen der Wahrheit* (dieses aber ist die Frage nach dem Sein! Seinsverständnis)".[175] „Wer diese begreifen will, muß die Unwahrheit verstehen, darf ihr nicht ausweichen, sondern muß sie *in die innerste Auseinandersetzung* aufnehmen."[176]

---

[173] In einer Randbemerkung zum dritten Teil (Parmenides-Teil) der Vorlesung heißt es: „Die Auslegung ist unzureichend, wenngleich Manches wesentlich gefaßt." (Heidegger *GA* 35: 103, Anm. 35) Das weist auch darauf hin, dass sich Heidegger mit dem parmenideische Lehrgedicht fernerhin noch befassen wird.

[174] Heidegger *GA* 66: 424.

[175] Heidegger *GA* 35: 112.

[176] Heidegger *GA* 35: 112 f.

a) Fragment B 2, 3–4

Das Proömium (Frgm. B 1) soll nicht weiter betrachtet werden.[177] Von Fragment B 2 (früher B 4[178]) sind die Verse 3 und 4 herauszugreifen:

3 ἡ μὲν ὅπως ἔστιν τε καὶ ὡς οὐκ ἔστι μὴ εἶναι,
Πειθοῦς ἐστι κέλευθος (Ἀληθείῃ γὰρ ὀπηδεῖ),

Helmuth Vetter übersetzt:
3 „der eine: dass es ist und dass es nicht sein kann, dass es nicht ist –
er ist des Vertrauens Pfad (folgt er der Wahrheit doch);“[179]

Heidegger gibt eine andere Übersetzung:

> „3) Der eine: wie es ist und wie (es, das ‚es ist‘) unmöglich Nichtsein.
> 4) Des gegründeten Vertrauens Pfad ist der, er (πειθώ) folgt nämlich der Unverborgenheit nach.“[180]

Zur Begründung für seine Übersetzung von ὅπως und ὡς als „wie“[181] verweist Heidegger auf Fragment B 8, 3 bzw. B 8, 3–6: ὡς ἐὸν … ἐστιν.[182] „τὸ ἐὸν, das Seiende hinsichtlich seines Seins – ist. Immer wird dabei gefragt, wie steht es um das Sein?“[183]

b) Fragment B 3

Für Heidegger schließt sich folgerichtig nun Fragment B 3 (früher B 5[184]) an:

> … τὸ γὰρ αὐτὸ νοεῖν ἐστίν τε καὶ εἶναι.

---

[177] Vgl. Günther (1998).
[178] Diels (1922): 138–165, 152.
[179] Vetter (2016): 92.
[180] Heidegger *GA* 35: 114.
[181] Vgl. Frisk (1973) II: 1152; Pape (1914), Bd. 2: 365–367 und 1416–1421.
[182] Heidegger *GA* 35: 114, Anm. 44, vgl. 142.
[183] Heidegger *GA* 35: 142, vgl. 116, 118. Gemäß der *„Grundartikulation des Seins“* hat für Heidegger jedes Seiende ein „Was-sein“ und eine (primäre) „Weise-zu-sein“ (Wie-sein), nicht nur die „dogmatisch als selbstverständlich“ festgelegte „essentia und existentia“ (Heidegger *GA* 24: 24; vgl. Uscatescu Barrón (1992)).
[184] Diels (1922): 152.

Er übersetzt:

„... denn dasselbe ist Vernehmen sowohl als Sein.“[185]

Es ist zu bemerken, dass das τὸ αὐτό in dieser Auslegung von 1932 noch nicht wie später (grammatisch) als Subjekt des Satzes („das Selbe“[186]) ausgelegt wird (vgl. unten § 9 d). Das τε καί verweist nach Heideggers Deutung vom Sommersemester 1935 darauf, dass „Sein und Denken im gegenstrebigen Sinne einig, d. h. dasselbe sind *als* zusammengehörig.“[187] Von der grammatischen Struktur her kann darauf verwiesen werden, dass im Griechischen die durch τε καί („so wie ... so auch“) verbundenen Glieder (hier von νοεῖν, Denken, und εἶναι, Sein) „in einer *innigen* oder *notwendigen* Verbindung mit einander stehen“.[188]

Helmuth Vetter nennt u. a. das folgende Argument zur Fragmentordnung:

„γὰρ: Es ist plausibel, in B 3 die Fortsetzung von B 2 zu sehen. Denn B 2.7–8 zufolge scheitert jede Erkenntnis oder Erklärung des Nichtseienden, und B 3 begründet dies (γὰρ).“[189]

Eine ähnliche Begründung gibt Heidegger:

„Und nun schließt sich [nach Frgm. B 2 (früher B 4)] unmittelbar Fragment 5 [nach der 4. Aufl. 1922, Frgm. B 3 nach der 6., verb. Aufl. 1951] an, das die Begründung gibt für die scharf geschiedene Art beider Wege und der ihnen zugehörigen Aussicht: wo Sein, da ist auch Vernehmen und umgekehrt, wo Vernehmen, da Sein. Wo aber Nichts, da auch keine Vernehmbarkeit und so kein Vernehmen, kein Weg, und umgekehrt. Wo nichts vor-genommen und vernommen wird, da auch kein Sein.“[190]

Den Satz (in der Kurzform) – *„Sein und Verstehen dasselbe“* – bezeichnet Heidegger an späterer Stelle der Vorlesung als den *„Ur-satz“*, den er von dem parmenideischen *„Wesenssatz vom Sein“* – *„Sein ist schlechthin un-nichtig“*[191] – abhebt.

---

[185] Heidegger *GA* 35: 115.

[186] Helmuth Vetter übersetzt: „... das Selbe nämlich ist Denken sowohl als auch Sein.“ (Parmenides (2016): 95).

[187] Heidegger *GA* 40: 147. Das „im gegenstrebigen Sinne“ Einige von Sein (des Seienden) und Denken (Vernehmen) deutet voraus auf das („spielt zu“), was Heidegger dann in den *Beiträgen zur Philosophie (Vom Ereignis)* als den *Gegenschwung* (Gegenwendigkeit als „die Kehre im Ereignis“) von ereignendem Zuwurf des Seins in seiner Wahrheit und ereignetem Entwurf fasst (Heidegger *GA* 65: 251, 261 f., 407 ff.; vgl. Herrmann (2019): bes. 81).

[188] Kühner – Gerth (1976): § 522, 249.

[189] Parmenides (2016): 95.

[190] Heidegger *GA* 35: 116 f. Bereits 1916 schlägt allerdings Walther Kranz schon die neue Fragmentordnung (aufgenommen ab der später von ihm herausgegebenen fünften Auflage (Bd. I, Berlin 1934) der *Fragmente der Vorsokratiker*) vor (vgl. Heidegger *GA* 62: 215; Kranz (1916); Cordero (1987): bes. 18 f.).

[191] Heidegger *GA* 35: 162, vgl. 168 f.

c) Fragmente B 6 und B 7

Die Fragmente B 6 und B 7 geben eine weitere Klärung der Wege und führen zum *dritten Weg*, dem Weg des Scheins, wie Heidegger auch sagt, der „Irre“[192]. Für diesen dritten Weg gilt dennoch:

„Dieser *dritte* Weg hat mit *dem ersten*, dem allein aussichtsreichen und eigentlich zu gehenden, *das Gemeinsame*, daß er im Unterschied zum zweiten, der schlechthin aussichtslos ist und zu nichts führt, doch zu etwas führt.“[193]

Der dritte Weg ist „der Gemeine Menschenweg“.[194] Das besagt aber nicht, dass die Menschen gar keine Kenntnisse haben: „Dieses Nichtwissen besagt nicht, daß sie überhaupt keine Kenntnisse haben, im Gegenteil, am Ende haben sie zuviel und vielerlei.“[195] Den „Zwieköpfen“ (δίκρανοι) (Frgm. B 6, 5) fehlt „im Voraus die *rechte Wegweisung des Vernehmens*“, für Heidegger „ursprünglich νοεῖν des εἶναι – *Seinsverständnis*“.[196] Dieser dritte Weg wird nun „ausführlich geschildert, so eindringlich, wie bisher keiner der beiden vorgenannten.“[197]

Entscheidend ist die Auslegung und Übersetzung der Verse 1–2 und 8–9 von Fragment B 6:

1 χρὴ τὸ λέγειν τε νοεῖν τ' ἐὸν ἔμμεναι· ἔστι γὰρ εἶναι,
μηδὲν δ' οὐκ ἔστιν· τά σ' ἐγὼ φράζεσθαι ἄνωγα.

8 οἷς τὸ πέλειν τε καὶ οὐκ εἶναι ταὐτὸν νενόμισται
κοὐ ταὐτόν, πάντων δὲ παλίντροπός ἐστι κέλευθος.

Nach Helmuth Vetter lautet die Übersetzung:[198]

1 „Not ist, dass das, was du sagst und denkst, ein Seiendes ist; es ist nämlich Sein,
ein Nichts gibt es nicht; das heiße ich dich zu bedenken.“

8 „denen das Sein wie das Nichtsein für dasselbe gilt
und nicht für dasselbe, in allem wendet ihr Pfad sich zum Gegenteil.“[199]

---

192 Heidegger *GA* 35: 124, 128, 130, 185.
193 Heidegger *GA* 35: 128.
194 Heidegger *GA* 35: 123.
195 Heidegger *GA* 35: 123.
196 Heidegger *GA* 35: 125.
197 Heidegger *GA* 35: 122.
198 Abweichend von Diels – Kranz, wählt Vetter die folgende Lesart für Vers 1: χρὴ *τὸ λέγεις τὸ νοεῖς* τ' ἐὸν ἔμμεναι· (Parmenides (2016): 103).
199 Parmenides (2016): 103.

Nun folgt Heideggers Übersetzung:

„1) Es muß das Hinstellen sowohl wie das Vernehmen verbleiben, das Sein nämlich (das Seiend qua Sein) ist das *Ist*. Das Nichtsein hat kein ‚es ist'; das freilich heiße ich dich dir kund zu halten."[200]

„8) denn Satzung ist: das *Vorhanden und Nicht-vorhanden* sei dasselbe und auch nicht dasselbe, denn *in allem* widerwendig ist der Pfad."[201]

Das λέγειν übersetzt Heidegger hier mit „Hinstellen".[202] Vetter nennt mit Recht den Bezug zum κρῖναι δὲ λόγῳ (vgl. oben § 4 c β):

„Zwar sind Sagen *und* Denken wechselseitig aufeinander bezogen, doch es gibt eine Rangordnung. [...] Hier jedoch ergibt sich die Reihung aus dem Bezug des λέγειν zum κρῖναι δὲ λόγῳ (B 7.5). Nicht der λόγος als Rede ist gemeint, sondern der λόγος als ἔλεγχος, d. h. Widerlegung als Vorbereitung der Entscheidung, die ihrerseits das νοεῖν ermöglicht."[203]

Nach Wilhelm Papes *Griechisch-deutschem Handwörterbuch*, das Heidegger benutzte, ist πέλειν (Frgm. B 6, 8), gewöhnlich *sein*, „von *εἶναι* so unterschieden, daß es ein dauerndes, fortgesetztes Vorhandensein, Statthaben ausdrückt"[204], worauf sich Heideggers Übersetzung wohl bezieht.

In der Übersetzung von Vers 1 spricht er (in Klammern erläuternd) nicht vom *Seienden* „qua Sein", sondern von „das Seiend qua Sein". Das Seiend qua Sein ist einig-einzig (vgl. Frgm. B 8). Den Ausdruck „das Seiend-sein" prägte bereits Kurt Riezler in seiner Parmenides-Interpretation (1934):

„Was ist τὸ ἐόν? Nicht das Seiende – das heißt griechisch τὰ ὄντα. Der Singular ist hier nicht wie im Deutschen ein verkappter Plural. Das Partizip im Neutrum bezeichnet den Zustand. [...] Τὸ ἐὸν ist das Seiend-sein. Es ist das ‚Sein', wenn der Infinitiv den Zustand meint."[205]

Das „Seiend" (τὸ ἐόν) (und das „Anwesend") ist – wie Heideggers „Leitwort" *Ereignis* (seit 1936) – als „Singulare tantum"[206] zu betrachten.

---

[200] Heidegger *GA* 35: 120.

[201] Heidegger *GA* 35: 121.

[202] Später, in seinem Text ‚Moira' (1952), übersetzt Heidegger hier das λέγειν mit „vorliegen-lassen" (Heidegger *GA* 7: 235–261, 247, vgl. 255; vgl. auch *GA* 8: 200 ff., 220 ff., 232 f.) (vgl. unten § 9 b).

[203] Parmenides (2016): 104; vgl. auch Heidegger *GA* 40: 176–178; *GA* 8: 202. Der parmenideische *élenchos* (ἔλεγχος) als „Widerlegung einer Gegenposition" (Held (1980): 472) spielt eine entscheidende Rolle in der Parmenides-Auslegung von Klaus Held.

[204] Stichwort ‚πέλω' in: Pape (1914), Bd. 2: 552, vgl. auch ‚πέλομαι' in: Frisk (1973) II: 501 f.

[205] Parmenides (2001): 45. Für das „impersonale" „es ist", das seinem sachlichen Gehalt nach nicht „etwas über etwas ausspricht", könnte man nach Klaus Held, wenn es erlaubt wäre, die sprachliche Formulierung „es seint" wählen (Held (1980): 513 f.).

[206] Heidegger *GA* 11: 45; vgl. *GA* 9: 316, Anm. a.

Wie Klaus Held zu Recht bemerkt ist das *to eón* (τὸ ἐόν), das Seiend-sein, „nicht doppeldeutig, sondern meint eindeutig eines: die ontologische Differenz“[207] (von Sein und Seiendem), wenngleich diese *als solche* noch unabgehoben bleibt.

Dieser „Zustand“, jedoch nicht im gewöhnlichen Sinne, der von Heidegger in der Übersetzung von ὡς ... ἔστι mit „*wie* es ist“ (Frgm. B 2, 3) zum Ausdruck gebracht wird, ist aber „nicht die leere Gemeinsamkeit all des Vielen“[208], keine höchste Gattung. Später, in seinem Vortrag ‚Moira (Parmenides [Fragment] VIII, 34–41)‘ (1952), prägt Heidegger neben dem Ausdruck „das Seiend“ für das ἐόν auch den Terminus „das Anwesend“.[209]

d) Fragment B 8, 1 ff.

Das Fragment B 8 ist von besonderer Bedeutung für das Lehrgedicht und für den Übergang vom Aletheia- zum Doxa-Teil. Georg Picht vertritt in seinem Kommentar zu Fragment B 8 die Ansicht, „daß die Versreihe 34–41 einen Durchblick durch den gesamten Aufbau des parmenideischen Denkens gibt; denn sie führt von dem Selben im Erkennen und ‚Seienden‘ über die Fesseln der Moira bis in den Bereich der Doxa.“[210]

Nicht zufällig widmet sich der umfangreichste Paragraph (§ 22) der Vorlesung vom Sommersemester 1932 der ‚Auslegung von Fragment 8‘.[211] Zur Bedeutung der Auslegung von B 8 ist zu beachten, dass dieses Fragment nur ganz geschlossen bei Simplicius[212] (6. Jahrhundert n. Chr.) überliefert ist, dessen Text Heidegger vorzieht (gegenüber Plutarch, um 45 n. Chr. bis nach 120, und Proklos, 412–485 n. Chr.).[213]

Das Fragment B 8, 5 zum Problem der Zeit wurde bereits betrachtet (vgl. § 4 a). Wir beginnen mit den σήματα πολλὰ μάλα (Frgm. B 8, 2–3), Zeichen, viele gar, eine Bestimmung des Weges, nämlich dem der Wahrheit, der Göttin. Für Heidegger sind die σήματα aber „nicht Wegweiser am Weg, auch nicht Eigenschaften des

---

[207] Held (1980): 513; vgl. dagegen Gadamer (1991): 3–31, 27; Gadamer (1985): 9–29, 14 f.

[208] Parmenides (2001): 45.

[209] Heidegger *GA* 7: 235–261, 245 und 250. Den Terminus „das Seiend“ für das ἐόν übernimmt Eugen Fink (1905–1975), Kollege Heideggers an der Universität Freiburg i. Br., in seiner Abhandlung *Zur Ontologischen Frühgeschichte von Raum – Zeit – Bewegung* (Fink (1957): 60 ff.; vgl. auch Held (1980): 513, 515 ff.).

[210] Picht (2004): 53.

[211] Heidegger *GA* 35: 134–187.

[212] Simplicius (1882): 145 f.

[213] Vgl. auch Schlüter (1979): § 45.

Seins, sondern *Aussichten auf dieses* – das Sein – *Hin*sichten, *in* denen es ersichtlich wird.“[214]

Auf die vielfältigen Probleme der Übersetzung von Fragment B 8 kann hier nicht ausführlicher eingegangen werden.[215] Es soll nur auf die anfängliche Auslegung und Übersetzung von B 8, 1–2 kurz eingegangen werden, weil hier Heideggers hermeneutischer Ansatz und Zugang zu dem ganzen Fragment verdeutlicht werden kann.

Es stellt sich die Frage, wie ὡς ἔστιν (Frgm. B 8, 2) auszulegen und zu übersetzen ist. Helmuth Vetter stellt dazu die Frage: „Bezieht sich ‚dass es ist‘ auf das *Sein* oder auf den *Weg* zum Sein?“[216] Ferner ist das ὡς im Sinne von „dass“ oder ursächlich im Sinne von „weil“ zu interpretieren?[217] Vetter entscheidet sich, anders als so gut wie alle Übersetzer und Kommentatoren, für die Übersetzung: „weil es ihn [den *Weg*!] tatsächlich gibt“[218]. Wie oben ausgeführt wurde, geht es für Heidegger aber in dem Fragment um *Hin*sichten auf das *Sein*, *wie* (ὡς) es ist. Daher übersetzt er: „wie es um das Sein steht“[219].

In den Versen B 8, 3–6 werden nunmehr die σήματα aufgezählt, die Heidegger aber nicht der Reihenfolge des Fragments nach nennt, sondern zuerst die *verneinenden* Ausdrücke (mit ἀ- und οὐδέ) anführt (mit Heideggers Übersetzungen in Klammern):

ἀ-γένητον („ohne Aufgang“) – ἀν-ώλεθρον („ohne Untergang“) – ἀ-τρεμές („ohne Leben“) – ἀ-τέλεστον („gar nicht erst fertigzustellen“) – οὐδ’ ἦν („nicht ehemals war es“) – οὐδ’ ἔσται („nicht dereinst wird es sein“); ferner (positiv) οὖλον („ganz“) – μουνογενής („allein“) – νῦν ὁμοῦ πᾶν („als Gegenwart ‚ist‘ es all-zumal“) – ἕν („einheitlich“) – συνεχές („zusammenhaltend“).[220]

---

[214] Heidegger *GA* 35: 141.

[215] Vgl. Parmenides (2016): 112–138; Schlüter (1979).

[216] Parmenides (2016): 117.

[217] Parmenides (2016): 117.

[218] Parmenides (2016): 112.

[219] Heidegger *GA* 35: 135.

[220] Heidegger *GA* 35: 142, vgl. 135 f. (Übersetzung). Klaus Held unterscheidet vier „Gruppen von Wegmarken“ *(sémata)* in Fragment B 8, 3–49 (Held (1980): 516 f.) und bemerkt: „Die Wegzeichen müssen also immer auch in einer positiven Formulierung genannt werden.“ (Held (1980): 519) Beispielsweise fasst er „ganz“ (οὖλον) und „einzigartig“ (μουνογενής) zur 2. Gruppe zusammen (Held (1980): 516). Es ist noch zu bemerken, dass Held das Vernehmen (νοεῖν) selbst zu den Wegzeichen rechnet (Held (1980): 542). In einer gewissen Entsprechung sind für den späten Heidegger (in seinem Text ‚Moira‘ (1952)) die σήματα „keine Merkzeichen für anderes“, sondern „das vielfältige Scheinen des Anwesens selber aus der entfalteten Zwiefalt“ (Heidegger *GA* 7: 235–261, 258). Ein Schema der Beweisstruktur (oder besser: Struktur des darlegend-aufweisenden Nachweises) in B 8, 1–21 im Anschluss an Karl Bormann (Bormann (1971): 160 f.) gibt: Parmenides (2016): 119, vgl. 176–178; vgl. auch Schlüter (1979): § 47. Der bereits von Heidegger aufgewiesene „indirekte Beweis“ (Frgm. B 8, 7–11) (Heidegger *GA* 35: 153–155) findet sich auch bei Bormann (1971): 160 f.

Die erste Gruppe der verneinenden σήματα fasst Heidegger folgendermaßen zusammen:

„Überblicken wir noch einmal die Verneinungen: ohne Auftauchen, Schwinden, Beben, Herstellung, Zeitwandel; kurz: ohne Hin und Her, Von – Zu, jegliches Übergehen von einem zum anderen, ohne Übergang, d. h. *ohne Werden.*“[221]

Im eigentliche Sinne ist es für ihn entsprechend der vorangegangenen Ausführungen „ein bestimmt geartetes Sehen, Weg-halten, Freihalten von Auftauchen und von jeglichem Werden“.[222]

Es sollen nun erst einmal keine weiteren Verse mehr erörtert werden, sondern Heideggers nicht leicht zu verstehende Auslegung von νῦν ὁμοῦ πᾶν (Frgm. B 8, 5), das bereits angesprochene Problem der Zeit (vgl. § 4 a), und das ἕν (Frgm. B 8, 6), die Frage nach der Einheit.

Das νῦν, Jetzt, fällt offenbar heraus „aus Vergangenheit und Zukunft“, „aus der Vielfalt der Verstreuten in seinem Nacheinander“ und kann daher „gar nicht gemessen und verglichen werden“[223] – wie nach der aristotelischen Definition der Zeit im IV. Buch der *Physik* (Δ 11, 219 b 1 f., vgl. 220 a 24–26).[224] Das νῦν ist aber auch nicht „gleichzusetzen mit dem Jetzt und nunc, das eine spätere christliche Zeit das nunc stans nennt im Unterschied zum nunc fluens, im Unterschied zum ‚fließenden Jetzt‘ das stehende, und dieses gleichgesetzt mit Ewigkeit.“[225] Das nunc stans bleibt letzlich *per negationem* noch dem nunc fluens, der fließenden Zeit der „vulgären“ Zeit-Interpretation (seit Aristoteles), verhaftet.[226] Bereits in einer Anmerkung zu § 81 von *Sein und Zeit* bemerkt Heidegger:

„Daß der traditionelle Begriff der Ewigkeit in der Bedeutung des ‚stehenden Jetzt‘ (nunc stans) aus dem vulgären Zeitverständnis geschöpft und in der Orientierung an der Idee der ‚ständigen‘ Vorhandenheit umgrenzt ist, bedarf keiner ausführlichen Erörterung.“[227]

In der Vorlesung vom Wintersemester 1925/26 heißt es zur Begründung:

„Denn Außerzeitliches und Überzeitliches sind nur Modifikate des In-der-Zeit-seins, setzen dieses als Möglichkeit voraus.“[228]

Der ursprünglichere Ansatz gegenüber dem ‚vulgären‘ Verständnis von ‚ Zeit‘ und ‚Ewigkeit‘ wird hier nur in einer Randbemerkung angedeutet (vgl. unten § 7 f):

[221] Heidegger *GA* 35: 144.

[222] Heidegger *GA* 35: 144.

[223] Heidegger *GA* 35: 146.

[224] Vgl. Neumann (2023): 159–162.

[225] Heidegger *GA* 35: 146, vgl. 164 f.

[226] Zur Bestimmung des „nunc stans“ vgl.u. a. Boethius (1988): 18 f. (*De trinitate* 4); vgl. Neumann (2006b): 31.

[227] Heidegger *GA* 2: 564, Anm. 7.

[228] Heidegger *GA* 21: 242; vgl. Heidegger (1998): 17–19.

„Rein Temporalität der Gegenwärtigung von Anwesenheit; ὁμοῦ – das Vernehmen *in sich* → in einem.“[229]

Dem Neutrum ἕν, „Eins“, stehen gegenüber „gar viele Hinsichten“ – πολλὰ μάλα σήματα (Frgm. B 8, 2 f.) –, die dem Sein zugewiesen werden. Daher muss die Einheit dieses Einen „gleichsam alles Wesentliche“ enthalten, „was zum Einen als einem gehört, die Einheit ausmacht.“[230] Heidegger übersetzt ἕν mit „*‚Einheitlich‘* als *das Wesen von Einem, qua Einheit in sich befassend alles, was ein-haft* ist“.[231] Wie ist diese Übersetzung zu verstehen? Heidegger unterscheidet fünf Einheiten, die das ἕν als „das Einheitliche“ umfassen und in sich befassen muss: „Erstheit – Selbigkeit – Einfachheit – Einzigkeit – Ganzheit“.[232] So ist μουνογενής (Frgm. B 8, 4), „allein“, „Einheit qua *Einzigkeit*“.[233] Man könnte hier in gewisser Weise eine Entsprechung zu dem sehen, was im *logisch-kategorialen Sinne* als *Transzendentalien* bezeichnet wird, aber das Eine liegt hier innerhalb der Transzendentalien.[234] Es stellt sich sogleich die Frage – als ein Grundproblem der Philosophie –, wie die *Einfalt* mit der *Vielfalt*, das ἕν mit dem πολλὰ (μάλα σήματα) zu vereinbaren ist. Heidegger gibt folgende Erläuterung, die schon in der obigen Übersetzung zum Ausdruck gebracht ist:

„Das Vielfältige, was dem ἕν zukommt, ist nur eine Vielfalt von Einheiten, die eben aus dem Einen als Einheit sich entfalten (vgl. Temporalität!). *Diese* Vielfalt zerstört nicht die Einheiten, sondern bildet sie in ihrem vollen Wesen.“[235]

Es ist kein Zufall, dass in Platons Dialog *Parmenides* die Frage nach dem Sein als die Frage nach dem ἕν gefasst wird und im X. Buch der *Metaphysik* des Aristoteles das ἕν behandelt wird.[236]

Weshalb setzt Parmenides’ Aufzählung der σήματα (Frgm. B 8, 3–5) mit verneinenden Ausdrücken (ἀ-privativum bzw. οὐδέ) ein? Heidegger wendet sich gegen eine Interpretation der negativen Ausdrücke als „nur Polemik“ gegen „fremde An-

---

[229] Heidegger *GA* 35: 146, Anm. 73.

[230] Heidegger *GA* 35: 146.

[231] Heidegger *GA* 35: 146 f.

[232] Heidegger *GA* 35: 147.

[233] Heidegger *GA* 35: 147.

[234] Vgl. ‚Transzendental‘ in: Ritter [u.a.] (Hg.) (1971–2007), Bd. 10: 1358–1379.

[235] Heidegger *GA* 35: 147.

[236] Vgl. z. B. *Met.* I (Buch X) 2, 1054 a 13: ὅτι δὲ ταὐτὸ σημαίνει πως τὸ ἓν καὶ τὸ ὂν […]. „Daß das Eine und das Seiende gewissermaßen dasselbe bedeuten […].“ (Aristoteles (1991): 148 f.). Und an späterer Stelle (1054 a 18 f.): καὶ τῷ τὸ ἑνὶ εἶναι τὸ ἑκάστῳ εἶναι. „Eines-sein heißt eben ein Einzelnes-sein.“ (Aristoteles (1991): 148 f.). Zu verweisen ist dann in der Neuzeit z. B. auf Leibniz’ bekanntes „Axiom“, dessen Aussage in der unterschiedlichen *BETONUNG* liegt, „que *ce qui n’est pas veritablement UN estre, n’est pas non plus veritablement un ESTRE.*“ (Leibniz (2009): 174–193, 186 (Leibniz an A. Arnauld, 30. April 1687); vgl. auch Leibniz (1978) II: 248–253, 251 (Leibniz an B. de Volder, 20. Juni 1703)).

sichten", z. B. gegen Heraklit.[237] Diese Verneinungen sind für ihn „nicht beliebig und zufällig gegen irgend eine Theorie gerichtet, sondern wesensmäßig gegen das gewöhnliche Meinen und Wähnen".[238] „Das Sein und dessen Verständnis *muß sich durchsetzen gegen den Schein und die Verstrickung in ihn.*"[239] Eine solche Auslegung vertritt im Grunde schon der frühe Heidegger.

In seinem in Rom gehaltenen Vortrag ‚Europa und die deutsche Philosophie' (1936) sagt Heidegger dann zum Verhältnis der beiden anfänglichen Denker Parmenides und Heraklit:

„Man sagt, Parmenides lehre das Sein gegenüber dem Werden; aber er spricht nur vom Seyn als dem Einen und Selbigen, weil er weiß, daß es ständig vom Schein bedroht ist und dieses zu ihm gehört als sein Schatten.

Man sagt, Heraklit lehre das Werden gegenüber dem Sein; aber er spricht nur vom Werden, um es hineinzudenken in das Eine des Seyns, das im Wesen des λόγος ist. Aber λόγος heißt da nicht, wie die Späteren meinen, Vernunft und Rede, sondern die Sammlung, die *ursprüngliche Gesammeltheit* aller Widerstreite in das Eine (λέγειν – lesen, Zusammen*lesen*, Weinlese).

Wenn jemals zwei Denker dasselbe lehrten, Parmenides und Heraklit – die man gern als Schulbeispiel des Zwiespaltes der philosophischen Meinungen anführt – bewahrten und entfalteten noch ganz den ersten Anfang des abendländischen Denkens."[240]

e) Fragment B 8, 34–41

Wie oben bereits erwähnt wurde (Georg Picht), gibt die Versreihe 34–41 einen gewissen Durchblick durch den gesamten Aufbau des parmenideischen Denkens. Heidegger gibt eine Übersetzung der Verse und eine knappe Interpretation, da die (verneinenden und positiven) σήματα bereits eingehenden betrachtet wurden (vgl. oben § 7 d). Es sollen hier nur die Verse 34 und 38–41 angeführt werden, zunächst mit der Übersetzung von Helmuth Vetter:

34 ταὐτὸν δ' ἐστὶ νοεῖν τε καὶ οὕνεκεν ἔστι νόημα.

[237] Heidegger *GA* 35: 149, vgl. 101, 142.
[238] Heidegger *GA* 35: 149.
[239] Heidegger *GA* 35: 149.
[240] Heidegger *GA* 80.2: 679–696, 688; zu den gewöhnlich vertretenen Auffassungen zu Parmenides und Heraklit vgl. kritisch Parmenides (2016): 51–56.

38 τῷ πάντ' ὄνομ(α) ἔσται[241],
ὅσσα βροτοὶ κατέθεντο πεποιθότες εἶναι ἀληθῆ,
40 γίγνεσθαί τε καὶ ὄλλυσθαι, εἶναί τε καὶ οὐχί,
καὶ τόπον ἀλλάσσειν διά τε χρόα φανὸν ἀμείβειν.

34 „Das Selbe aber ist Denken sowohl als auch dessentwegen ist der Gedanke."

38 „deshalb wird alles Name sein,
was die Sterblichen festgesetzt haben, überzeugt davon, dass es wahr sei,
40 werden sowohl wie verderben, sowohl sein als auch nicht zu sein,
und den Ort zu wechseln und durch Farbe das Licht zu tauschen."[242]

Heidegger gibt die folgende Übersetzung:

„34) Dasselbe aber ist das Vernehmen und das, deswillen die Vernehmung."

„37–51) … – da also das Geschick [Μοῖρα[243]] es gefesselt hat ins Ganze und Bewegungslose, so bleibt ihm völlig nur Name. Als das, was die Menschen angesetzt haben, vertrauend es sei das Unverborgene. |
40) Aufgehen sowohl als Untergehen, (So)sein zumal und Nichtsosein (vgl. [Frgm. B] 6, 8 f.), den Ort vertauschen und die Oberfläche wechseln im Licht."[244]

Heidegger übersetzt βροτοὶ (Vers 39) nicht (wörtlich) mit „die Sterblichen", sondern mit „die Menschen". Mit den Sterblichen sind, wie Karl Reinhardt belegt, *alle* Sterblichen gemeint, *alle* Menschen, „die Gesamtheit der Menschen".[245] Die Übersetzung mit „die Menschen" ist daher gerechtfertigt. Heidegger spricht auch von der „Menschensippschaft"[246]. Das Wort νόημα in Vers 34 gehört im Griechischen zu den Verbalsubstantiven auf -μα oder -σις – wie auch das Wort φύσις –, die sowohl als *nomen actionis* wie auch als *nomen acti* verwendet werden können, also als *Denken* (von Gedachtem) und als (im Denken) *Gedachtes*. Damit bringt das eine Wort νόημα immer schon „die Doppelnatur des Denkens als eines Sich-Rich-

[241] Nach Diels – Kranz. In anderen Ausgaben hier auch (nach Simpl. Codex E): ὀνόμασται, benannt (Parmenides (2019): 12 (Nr. 8); Vorsokratiker (2021): 316–341, 328 (Nr. 11)).
[242] Parmenides (2016): 114 f.
[243] Ergänzung in eckigen Klammern (hier und weiter unten) vom Verf. Dem Fragment B 8, 34–41 widmet Heidegger später seinen Text ‚Moira' (1952) (Heidegger GA 7: 235–261) (vgl. unten § 9).
[244] Heidegger *GA* 35: 138.
[245] Reinhardt (2012): 69, vgl. 66.
[246] Heidegger *GA* 35: 128.

tens-auf zum Ausdruck. Denken ist immer zugleich auch schon Gedachtes, Denken kann auch sich selbst [...] nur als Gedachtes erfahren."[247]

Die gesamte Versreihe gibt für Heidegger als *Beschluss* des vorangehenden Beweisgangs der σήματα dann nochmals einen Rückgang in den *Ur-satz* (Frgm. B 3), „so freilich, daß dessen Gehalt jetzt bestimmter dargestellt wird" (in Frgm. B 8, 34[248]).[249] Das soll nun gleich ausführlich zitiert werden, weil Heideggers Gesamtinterpretation damit erläutert und zugleich bestätigt wird. Damit erweist sich auch die innere Schlüssigkeit von Heideggers Auslegung des Lehrgedichtes im Ganzen (wie auch weitere Textstellen belegen, die hier nicht behandelt werden können). Von einem „Beweisgang" im Sinne einer formalisierten Logik *(logica docens)* kann aber bei Parmenides noch keine Rede sein. Wir dürfen Parmenides nicht „prüfen und gar schulmeistern" oder auch „ihn loben, daß er schon den Satz des Widerspruchs oder der Identität befolgt oder gar [...] gekannt habe".[250] Das gilt auch, wenn man einen „Zirkel im Beweis"[251] bemängelt. Parmenides Aufweisung ist in sich zirkelhaft, wie alles ursprüngliche Denken, aber der *Zirkel* ist kein „circulus vitiosus", sondern ein hermeneutischer.[252] Das aufschlussreiche Zitat zum Rückgang in den *Ur-satz* lautet nun:

„Nicht einfach Zusammengehörigkeit von Vernehmen und Sein. Vielmehr jetzt das Sein ausdrücklich gefaßt als οὕνεκέν ἐστι νόημα, als Worumwillen des Vernehmens. Dieses ist, was es ist, *im Dienst und Auftrag des Seins*. Das Vernehmen vereint, damit darin das Sein gebildet und entworfen werde. Und dieses so Entworfene zugleich als das ἐν ᾧ, worin das Vernehmen sich hineinspricht. Wir wissen, νοεῖν gehört zusammen mit λέγειν. Das Vernehmen ist für sich als etwas Vorhandenes gar nicht aufzufinden. Wir stoßen darauf, sofern wir zuvor auf das Sein treffen. In ihm als dem Einheitlichen und der Anwesenheit finden wir je das der Einheitlichkeit Zugetragene Einigen und Sammeln, d. h. λέγειν, und in der Anwesenheit finden wir den notwendigen Bezug auf Gegenwart. Alle Sprache ist nur *im Sein* sagbar. Daher: wo kein Sein verstehbar, da auch keine Sprache und umgekehrt: wo keine Sprache, da auch kein Seinsverständnis. [...]

[247] Günther (2001): 219.

[248] Zu den in der Forschungsliteratur behandelten Auslegungsvarianten vgl. oben 29, Anm. 112.

[249] Heidegger *GA* 35: 180.

[250] Heidegger *GA* 35: 155 (Die Auslassungspunkte in eckigen Klammern kennzeichnen zwei nicht entzifferte Zeichen.); vgl. auch *GA* 91: 342–346, 343. Die gegenteilige Ansicht vertritt z. B. Ernst Heitsch (Parmenides (1995): 115 f.). Die *explizite* Formulierung des Satzes des Widerspruches (principium contradictionis) und des Satzes vom ausgeschlossenen Dritten (principium exclusi tertii) (für Elementarsätze) geht auf Aristoteles zurück (Aristoteles (1989): 136 (*Met.* Γ 3, 1005 b 17 ff.; vgl. Aristoteles (1989): 88, 170 (*Met.* B 2, 996 b 29 f.; Γ 6, 1011 b 13–22); Aristoteles (1991): 156 (*Met.* I 4, 1055 a 35 ff.) und Aristoteles (1989): 170 (*Met.* Γ 7, 1011 b 23 ff.); vgl. Heidegger *GA* 91: 319–341).

[251] Heidegger *GA* 35: 157.

[252] Heidegger *GA* 2: 202–204; vgl. auch Parmenides (2016): 200.

Weste nicht Sein als solches, dann bliebe das νοεῖν auch ein Nichts. [...] Geschähe aber nicht das Entwerfen im νοεῖν, dann bliebe *Anwesenheit verschlossen* und kein Seiendes vermöchte je zu begegnen. Sein und Vernehmen stehen daher nicht in einer gleichsinnigen umkehrbaren Beziehung des Gegenseitigen Zugehörens. Vielmehr gehört das Sein dem Vernehmen anders zu als das Vernehmen dem Sein und etwa nur der Sinn der Notwendigkeit ist jeweils ein anderer. Aber diese Verschiedenheit auch so in der Gegenseitigkeit der Beziehung gehört zur Einheitlichkeit des vollen Wesen des Seins."[253]

Was sich in dieser Auslegung Heideggers schon andeutet, ist der gewisse Vorrang des Seins gegenüber dem νοεῖν, wie es seine späteren Untersuchungen zum Fragment B 3 noch deutlicher zum Ausdruck bringen (vgl. unten §§ 9 und 10). Bereits in § 51 der Vorlesung *Einführung in die Metaphysik* vom Sommersemester 1935 heißt es:

„Vernehmung ist nicht eine Verhaltungsweise, die der Mensch als Eigenschaft hat, sondern umgekehrt: Vernehmung ist jenes Geschehnis, das den Menschen hat. Daher wird immer nur schlechthin von νοεῖν, von Vernehmung, gesprochen."[254]

Aber auch das (An-)Wesen des Seins bleibt auf das νοεῖν angewiesen (vgl. oben § 7 b). Noch schärfer als in Fragment B 3 kommt dieses Geschehen der Unverborgenheit in Fragment B 8, 34 zum Ausdruck, wie Heidegger ebenfalls in der Vorlesung vom Sommersemester 1935 ausführt:

„Noch schärfer sagt *Parmenides* denselben Satz in Frg. 8 v. 34: ταὐτὸν δ'ἐστὶ νοεῖν τε καὶ οὕνεκεν ἔστι νόημα: Dasselbe ist Vernehmung und das, worumwillen Vernehmung geschieht. Vernehmung geschieht umwillen des Seins. Dieses west nur als Erscheinen, in die Unverborgenheit treten, wenn Unverborgenheit geschieht, wenn ein Sicheröffnen geschieht."[255]

Diese Auslegung ist aber nur dann möglich, wenn das οὕνεκεν im final-ursächlichen Sinne („worumwillen") gedeutet wird.[256]

Dass Sein überhaupt anwest, wird von Parmenides erst gar nicht hinterfragt. Erst u. a. Leibniz stellt die Frage: „*Pourquoy il y a plustôt quelque chose que rien?* Car le rien est plus simple et plus facile que quelque chose."[257]

Was die Sterblichen, die Menschen (irrig) festgesetzt haben, „vertrauend es sei das Unverborgene", ist aber – vom Wesen des Seins und der Unverborgenheit aus verstanden, vom höheren und erhellten Standpunkt aus, der immer der göttliche

---

[253] Heidegger *GA* 35: 180 f.

[254] Heidegger *GA* 40: 150, vgl. 148 f.

[255] Heidegger *GA* 40: 147.

[256] Vgl. Schlüter (1979): 117.

[257] Leibniz (1978) VI: 598–606, 602 (*Principes de la Nature et de la Grace* (1714), § 7); vgl. Heideggers (nachträgliche) ‚Einleitung' (1949) zu seiner Antrittsvorlesung ‚Was ist Metaphysik?' (1929) (Heidegger *GA* 9: 365–383, 381).

war – nur Name, ὄνομα[258] (Vers 38), „nur Nennen, bloßes Meinen und darüber Reden“, aber (wie auch schon in Heideggers früher Auslegung) „nicht rein nichts!“[259] Heidegger spricht mit *Sein und Zeit* (§ 35) auch vom „Gerede“:

„*Das gemeine Seinsverständnis bleibt im Gerede über das Seiende hängen.* Darin *verstrickt* wird der Blick *nicht frei*, um die *gesammelte und sammelnde Hinsicht auf das Eine* zu vollziehen und die Anwesenheit als solche in der Gegenwart zu begreifen, nur ὀνομάζειν, kein λέγειν.“[260]

Was das ὀνομάζειν betrifft, kann auch auf Vers 53 verweisen werden, insofern „(be)nennen“ hier unmittelbar mit „*irren*“ (ἐν ᾧ *πεπλανημένοι* εἰσίν) in Vers 54 in Verbindung steht. Der Irrtum der Sterblichen besteht aber nicht nur und primär in der falschen Benennung, wie Felix Heinimann zu Recht (gegen Hermann Diels) bemerkt:

„Dennoch ist es zu scharf ausgedrückt, wenn man gesagt hat, Parmenides habe ‚die Benennung als Quelle des Irrtums‘ bezeichnet und ‚den Sündenfall der Menschheit mit der Sprache beginnen‘ lassen.“[261]

Aber Heinimann verweist doch auf die Gefahr, dass „die falsche Benennung“, wenn sie einmal erfolgt war, „dann für die Folgezeit weiterwirkte und den Irrtum verewigte.“[262]

f) Ergebnis und Zusammenfassung

Es geht Heidegger letztlich darum, Sein als *Anwesenheit* aufzuweisen. Insofern Anwesenheit zeithaft ist, ergibt sich: „*Der Ur-satz und der Zeit-satz sagen ‚dasselbe‘*“.[263] Der Ur-satz wurde bereits genannt: τὸ γὰρ αὐτὸ νοεῖν ἐστίν τε καὶ εἶναι (Frgm. B 3) – „Vernehmen und Sein gehören zusammen.“[264] Der Satz bezieht sich auf Anwesenheit:

„Diese Anwesenheit aber umzieht uns schon immer, d. h. Anwesenheit als solche ist die Aussicht, in die wir hineinsehen, nicht in etwas Vorhandenes, sondern

---

[258] Mit ὄνομα ist bei Homer noch der *Eigenname* gemeint, mit dem eine Person genannt wird, also eine bloß menschliche Festsetzung (vgl. Pape (1914), Bd. 2: 348).

[259] Heidegger *GA* 35: 181.

[260] Heidegger *GA* 35: 181.

[261] Heinimann (1965): 50. Auch Helmuth Vetter zeigt am Text (Frgm. B 8, 38 f. und B 19, 3), „[d]ass der Name nicht als solcher schon in die Irre führt“ (Parmenides (2016): 193). Auch in seinem späteren Text ‚Moira‘ (1952) (vgl. unten § 9) bemerkt Heidegger: „Alles so Festgesetzte bleibt ὄνομα. Parmenides sagt keineswegs, das gewöhnlich Vernommene werde zum ‚bloßen‘ Namen.“ (Heidegger *GA* 7: 235–261, 259).

[262] Heinimann (1965): 50.

[263] Heidegger *GA* 35: 179.

[264] Heidegger *GA* 35: 179.

das Hineinsehen als solches. […] Dieses *bildende* und sich *entgegenhaltende Sehen* ist der Charakter des νοεῖν. Wir nennen es das Entgegenwarten oder *Gegenwärtigen* als Vorbilden von Anwesenheit. Gegenwart bezeichnet jetzt das Grundverhalten des νοεῖν. Dieses Grundverhalten als bildendes Sehen in sich ist das Entwerfen von Anwesenheit. Er-sehen ist im Sehen vorbilden, so wie Weg-sehen.

Umgekehrt, diese Anwesenheit west nur als das Entwerfen im Entwurf des bildenden Sehens. Gegenwart und Anwesenheit sind in sich zusammengehörig (wie die Einheit beider gewendet? Temporalität!).“[265]

Jede „Fortdauer“ und jedes *„Von – bis“* *„setzt Anwesenheit* voraus“.[266] Diese Zusammengehörigkeit von Gegenwärtigen (Entgegenwarten) (νοεῖν) und Anwesenheit (εἶναι) wird im Satz des Parmenides (Frgm. B 3) zum Ausdruck gebracht, wenn auch noch nicht ursprünglich gedacht. Woher aber die Anwesenheit als solche kommt, in deren Umkreis wir Sein verstehen, aus welchem (geworfenen) „Zuwurf“ für den (entwerfenden) „Entwurf“, und wie Gegenwärtigen (νοεῖν) und Anwesenheit von Sein ursprünglich zusammengehörig und selbig-einfach-einzig-einig sind, das bleibt hier noch unbeantwortet. Heidegger selbst betrachtet seine Vorlesung als „unzureichend“.[267] Was die hier angesprochene „Temporalität“ von Anwesenheit betrifft, ist vor allem auf Heideggers späten Vortrag ‚Zeit und Sein‘[268] (1962) zu verweisen.

Die drei Sätze lassen sich also kurz zusammenfassen:

„*Ursatz*: Sein – Vernehmen.

Wesenssatz: Sein schlechthin ohne Nicht.

Zeitsatz: Sein ein notwendiges Verhältnis zu Gegenwart.“[269]

Vor allem der *Wesenssatz* (und erst als Folge der Zeitsatz) bleibt für Heidegger problematisch: „aber – ist Sein nur An-wesenheit – *woher* dieser *Spruch*? Begründung? *Veranlassung*? Ab-senz notwendig.“[270] Es zeigt sich: „Die Grunderfahrung des ‚Da‘ als solchen – und *nur sie* in ihrer Übermacht gegen alles festgehalten.“[271] Es blieb bei Parmenides „bei diesem ersten ‚Seinseindruck‘“[272] – „reine *Gegenwärtigung* reiner Anwesenheit“[273].

Mit Vers B 8, 50 f. ist der Weg der Wahrheit am Ziel. Der griechische Text mit Übersetzung lautet nach Helmuth Vetter:

---

[265] Heidegger *GA* 35: 178 f. (1. Hervorhebung vom Verf.).
[266] Heidegger *GA* 35: 260.
[267] Heidegger *GA* 35: 103, Anm. 35.
[268] Heidegger *GA* 14: 3–66; vgl. dazu Schüßler (2019); Thurnher (2009).
[269] Heidegger *GA* 35: 261.
[270] Heidegger *GA* 35: 263.
[271] Heidegger *GA* 35: 265.
[272] Heidegger *GA* 62: 393.
[273] Heidegger *GA* 35: 265.

ἐν τῷ σοι παύω πιστὸν λόγον ἠδὲ νόημα
ἀμφὶς ἀληθείης·

„Dadurch beend' ich für dich meine Vertrauen erweckende Rede und den Gedanken
zu beiden Seiten der Wahrheit;“[274]

Heidegger übersetzt (ohne ausdrückliche Nennung von ἀμφὶς[275]):

> „50) Damit beende ich das gegründete Sagen und Vernehmen des Unverborgenen.“[276]

---

[274] Parmenides (2016): 116.

[275] Das Wort ἀμφίς/ἀμφί bedeutet aber auch lediglich ‚um', ‚herum', ‚umher', ‚ringsum', ‚von' (Frisk (1973) I: 98; Pape (1914), Bd. 1: 143). Jaap Mansfeld übersetzt ἀμφὶς ἀληθείης (Vers 51) mit „hinsichtlich der Wahrheit“ (Parmenides (2019): 13 (Nr. 8); Vorsokratiker (2021): 316–341, 329 (Nr. 11)), in der Pariser Ausgabe von Pierre Aubenque lautet die Übersetzung „sur la vérité“ bzw. „about trouth“ (Aubenque (éd) (1987): 44). Heideggers Auslegung und Übersetzung ist hier konsequent, insofern für ihn *sie selbst* – „die Wahrheit“ – die Göttin ist (Heidegger *GA* 54: 7).

[276] Heidegger *GA* 35: 139.

§ 8 Die Auslegung der Fragmente des Doxa-Teils des Lehrgedichtes

Der Weg des Scheins beginnt mit Fragment B 8, 51–61 und umfasst die Fragmente B 9 bis B 19. Die Deutung, der Sinn und überhaupt die Notwendigkeit des Doxa-Teils ist bis heute umstritten oder bleibt für manche Interpreten „obskur“[277]. Von Heidegger werden die „δόξα-Fragmente“ in der Reihenfolge B 9, B 12, B 13, B 10, B 11, B 14, B 16 und B 19 nur in § 23 am Schluss der Vorlesung vom Sommersemester 1932 kurz erörtert, später dann nicht mehr.

a) Fragment B 8, 53–59

Parmenides entwirft im Doxa-Teil eine Kosmogonie, die trotz der fragmentarischen Überlieferung in ihrer Grundstruktur deutlich erkennbar ist. Die entscheidenden Verse zum „dritten Weg“ im Übergang zu den Doxa-Fragmenten B 9 bis B 19 hat bereits Karl Reinhardt in seinem „revolutionierende[n] Buch“[278] über *Parmenides* (1916) zu klären versucht, auf den sich auch Heidegger immer wieder bezieht. Es soll daher zunächst der griechische Text von Fragment B 8, 53–59 mit der Übersetzung und dem Kommentar Reinhardts angeführt werden:

53 μορφὰς γὰρ κατέθεντο δύο γνώμας ὀνομάζειν,
τῶν μίαν οὐ χρεών ἐστιν (ἐν ᾧ πεπλανημένοι εἰσίν).
55 τἀντία δ' ἐκρίναντο δέμας καὶ σήματ' ἔθεντο
χωρὶς ἀπ' ἀλλήλων, τῇ μὲν φλογὸς αἰθέριον πῦρ,
ἤπιον ὄν, μέγ' ⟨ἀραιὸν⟩ ἐλαφρόν, ἑωυτῷ πάντοσε τωὐτόν,
58 τῷ δ' ἑτέρῳ μὴ τωὐτόν· ἀτὰρ κἀκεῖνο κατ' αὐτό
τἀντία, νύκτ' ἀδαῆ, πυκινὸν δέμας ἐμβριθές τε.[279]

„‚[53] Denn sie kamen überein, *zwei* Formen zu benennen, [54] von denen man die *eine* nicht benennen darf: das ist ihr Irrtum; [55 f.] sie schieden gegensätzlich beider Körper und sonderten ihre Merkmale voneinander: hier die Flamme des

[277] Kirk – Raven – Schofield (1994): 266.
[278] Gadamer (1985): 30–38, 30.
[279] Reinhardt (2012): 69 (Ergänzung in Keilklammern ⟨...⟩ von Reinhardt in Anlehnung an Diels (1922): 138–165, 159). Der in der Pariser Ausgabe von Pierre Aubenque edierte griechische Text ist bis auf geringfügige Abweichungen damit identisch (vgl. Aubenque (éd.) (1987): 44 f.; ebenso Parmenides (2019): 14 (Nr. 8); Vorsokratiker (2021): 316–341, 328/330 (Nr. 11)).

Ätherfeuers, [57] die milde, gar sehr gleiche, sich selbst überall gleiches, [58 f.] dem anderen ungleiche; doch stellten sie auch jenes andere für sich allein, auf die entgegengesetzte Seite, die lichtlose Nacht, einen dichten und schweren Stoff.' | Diels hat erkannt, daß τἀντία adverbial steht wie τἀναντία bei Thukydides VII, 79: τἀναντία διαστῶμεν. Ich ziehe daraus den Schluß, daß κατὰ nicht mit τἀντία zu verbinden ist, daß also αὐτό nicht Apposition zum Adverbium ist, sondern daß κατ' αὐτό soviel wie ,allein', ,für sich' bedeutet.[280] Wie mir scheint, gewinnt bei dieser Auffassung der ganze Satz an Konzinnität. Zwei Formen werden einander entgegengesetzt, eine jede für sich; es sind die beiden stärksten und durchgängigsten Gegensätze, die Parmenides in der Welt der sinnlichen Erscheinung finden konnte, Finsternis und Licht. Jede dieser Vorstellungen oder Stoffe – denn er hat kein Mittel zwischen beidem zu unterscheiden – ist für sich betrachtet ein ταὐτόν, sie leidet weder eine Steigerung noch eine Schwächung, sie ist einheitlich und ohne Unterschied; aber sofern sie Gegensatz ist und durch ihr Gegenteil überhaupt erst zustande kommt, ist sie zugleich ein οὐ ταὐτόν, das heißt, sie *ist* und ist doch wiederum *nicht*. Der Fehler dieser Weltanschauung ist, daß sie zwei Formen setzt statt einer; womit keineswegs gesagt ist, daß eine der beiden, etwa das Licht, dem wahren Wesen näher stände als die Finsternis [...]."[281]

Die Übersetzung von Vers 54 trifft allerdings nicht den Sinn, wie Karl Bormann in seiner Kölner Habilitationsschrift überzeugend darlegt.[282] Das τῶν μίαν ist hier nicht partitiv aufzufassen (,eine von den beiden'), sondern *kollektiv* zu verstehen. Er schlägt in Anlehnung an andere Autoren (insbesondere Hans Schwabl) folgende Übersetzung vor: „Von denen eine (einheitliche) zu benennen nicht statthaft ist."[283] Inhaltlich ergibt sich dann für Bormann die folgende Aussage: „Die Menschen set-

---

[280] Die Pariser Ausgabe von Pierre Aubenque schließt sich dieser Deutung an und übersetzt „par lui seul" (Vers 58) (Aubenque (éd) (1987): 45).

[281] Reinhardt (2012): 69 f. (Die Angabe der Verszahlen in eckigen Klammern und der Trennstrich zum Kommentar stammen vom Verf.).

[282] Auch in der Pariser Ausgabe von Pierre Aubenque heißt es in der englischen Übersetzung von Vers 53 f. in Übereinstimmung mit Reinhardt: „For ⟨mortals⟩ have set their minds on naming two forms, one of which is not right ⟨to name⟩; ⟨that is⟩ where they have strayed ⟨from the truth⟩." (Aubenque (éd.) (1987): 44 (Ergänzungen in Keilklammern ⟨...⟩ in der Pariser Ausgabe)). Ebenso problematisch (wie auch die von Hans-Georg Gadamer aufgenommene Randbemerkung (**) zu IX. (Diels frgt. 8) v. 53 f. verdeutlicht; vgl. auch Gadamer 1985: 30–57, 50) übersetzt Kurt Riezler: „Denn sie kamen überein, zwei Gestalten mit Namen zu benennen – denn nur eine könne nicht sein – darin irrten sie." (Parmenides (2001): 35).

[283] Bormann (1971): 124 (mit der vorgeschlagenen Verbesserung). Aus der neueren Literatur sei Panagiotis Thanassas genannt: Er übersetzt Fragment B 8, 54 folgendermaßen (in Übereinstimmung mit Schwabl bzw. Bormann): „a unity of which is not [deemed] necessary [to name]" (Thanassas (2007): 66 (Eckige Klammern in der Übersetzung); vgl. auch Parmenides (2016): 234–236). Ebenso erläutert Gemelli Marciano: „Sie haben zwei voneinander untrennbare Gestalten (also zwei Seiende statt eines einzigen) angenommen, Feuer und Nacht, [...]." (Vorsokratiker (2013): 64, vgl. 27).

zen zwei Formen an, nämlich Licht und Nacht, und bestreiten, daß sie eine Einheit bilden müssen. [...] Statt der Zweiheit der Formen aber ist für die Wirklichkeit eine einzige Form richtig, nämlich das Seiende."[284] Dieser Auslegung schließt sich auch Hans-Christian Günther an, der immer wieder auch auf Heidegger Bezug nimmt. Die Menschen sind der Meinung, sie legen sich darauf fest, „zwei Formen zu benennen, die so sind, daß eine einheitliche Form – d. h. eine sie beide in sich einende umgreifende Form – zu benennen unnötig ist".[285] Die u. a. von Bormann gegebene Auslegung und Übersetzung stimmt auch weit besser mit der weiteren Interpretation Reinhardts überein. Eine explizit andere Übersetzung und Auslegung von Vers 54 gibt beispielsweise Olof Gigon:

„Entscheidend ist die Bemerkung, daß die eine der beiden Gestalten nicht hätte einen Namen erhalten sollen; die andere hat also ihren Namen zu Recht. Also vertritt diese das Seiende, jene das Nichtseiende. Der Irrtum der Menschen ist, daß sie auch dem Nichtseienden einen Namen geben."[286]

Der Name für die Gestalt, die nicht hätte benannt werden sollen, ist für Gigon die Nacht.[287]

Nach diesen Vorbemerkungen kann nun Heideggers Auslegung und Übersetzung betrachtet werden:

„51) Von dem her (womit ich aufhörte) bringe ich dir zum Verständnis die menschliche Ansicht, wobei du meine Rede vernimmst als ein durch und durch Täuschungsvolles (von Tausch und Schein Sagendes). Der Anblicke zwei nämlich legten sie fest für alles Bereden des Gemeinten, daß deren nur der eine ‚sei', geht nicht an (zu sagen). In allem (Festlegen) sind sie die Irrenden.

55) Das Entgegen-liegende haben sie herausgefordert nach Gebild und die Hinsichten (für die Ansicht) legten sie getrennt von einander (jede für sich) fest. Hier der Lohe lichte Glut (Erscheinendes) gewährend, gelichtet (locker), behend-beschwingt, überallhin dasselbe, zum andern auch nicht dasselbe (vgl. D [Frgm. B] 10). Doch ebenso jenes für sich, das Entgegenliegende, die Nacht (Erscheinendes) versagend, ungelichtet (dicht) und lastend."[288]

Was die Übersetzung „die Hinsichten (für die Ansicht)" usw. betrifft, kann auf das verwiesen werden, was bereits in § 7 ausführlich erörtert wurde. Nicht von der Wortwahl, aber von der Sache her ergibt sich eine nahe Übereinstimmung mit der Auslegung von Reinhardt, die Heidegger natürlich kannte. Dass von den zwei An-

[284] Bormann (1971): 124 f.
[285] Günther (2001): 222.
[286] Gigon (1968): 271.
[287] Gigon (1968): 272.
[288] Heidegger *GA* 35: 183 f.

blicken, die die Menschen festlegten, „nur der eine ‚sei' ", kann unterschiedlich gelesen werden. Es kann bedeuten, dass nur der *eine* (von den *zwei* Anblicken) sei, oder dass nur der *eine-einige-selbige Ausblick* sei. Entsprechend seinem hermeneutischen Vorverständnis verwundert es nicht, dass Heidegger (in Übereinstimmung mit u. a. Bormann) die zweite mögliche Lesart vertritt, wie seine weitere Erläuterung zeigt:

„Dabei ist wichtig, daß der Hinsichten *zwei* sind, d. h. in V. 54/55 die σήματα χωρὶς ἀπ' ἀλλήλων [V. 56]. Dies gewöhnliche Meinen läßt sich jeweils auf eine für sich ein, daher eben das jenachdem möglich; während die σήματα des Seins alle auf *eine* [sic!] Aussicht zulaufen und im Grunde dasselbe sind. An diesen Hinsichten und ihrem jenachdem vollzieht sich alles Bereden, dessen weitere Ansichten sich bilden und alsbald herrschen.

Die so sich festlegen auf diese festgelegten Hinsichten sind die *Irrenden*, bewegen sich in einem *Hin und Her*, bald so, bald so, *der Irre* (8, 54)."[289]

Heidegger schließt sich ebenso Reinhardts Deutung von κατ' αὐτό (Vers 58) als „allein", „für sich" an und übersetzt (in Klammern): „jede für sich".

b) Fragment B 9

Die weiteren Doxa-Fragmente setzen für ein angemessenes Verständnis die grundlegende Erörterung von Fragment B 8, 53–61 immer schon voraus. Die Doxa-Fragmente beginnen mit B 9. Insofern ist das Fragment von besonderer Bedeutung. „Das zunächst *wichtigste Fragment* ist das 9."[290] Es geht um Schein und Er-scheinen. Es sollen wieder zuerst der griechische Text und die Übersetzung von Helmuth Vetter angegeben werden:

1 αὐτὰρ ἐπειδὴ πάντα φάος καὶ νὺξ ὀνόμασται
καὶ τὰ κατὰ σφετέρας δυνάμεις ἐπὶ τοῖσί τε καὶ τοῖς,
πᾶν πλέον ἐστὶν ὁμοῦ φάεος καὶ νυκτὸς ἀφάντου
4 ἴσων ἀμφοτέρων, ἐπεὶ οὐδετέρῳ μέτα μηδέν.

1 „Doch da alles Licht war benannt und Nacht,
und zwar mit Rücksicht auf ihre eigenen Kräfte bei diesen und jenen,
ist alles zugleich des Lichtes voll und der Nacht,

[289] Heidegger *GA* 35: 185 (Ergänzungen in eckigen Klammern vom Verf.).
[290] Heidegger *GA* 35: 187.

4 die beide einander die Waage halten, dass keines von ihnen dem anderen nachsteht."[291]

Etwas anders lautet wiederum z. B. die englische Übersetzung von Vers 4 (Ausschnitt) in der Pariser Ausgabe von Pierre Aubenque: „since (there is) nothing (that) falls to the lot of neither", was dann positiv heißt, „therefore everything falls to the lot of one or the other or of both".[292] Dann bedeutet „nothing" (μηδέν) also: nichts außerhalb von beiden, von Licht und Nacht, sie umfassen alles.

Heidegger gibt die folgende Übersetzung:

„Doch sobald einmal jegliches in Hinsicht auf Licht und Nacht beredet wurde, und das gemäß den je eigenen Vermögen zu diesem sowohl als jenem, ist das all erfüllt zumal von Licht und nicht scheinender Nacht beide einander gleich, denn keinem mit dabei (ist) das Nichts."[293]

Die Übersetzungen unterscheiden sich im Wesentlichen nur bei Vers 4. Heideggers Auslegung und Übersetzung wurde später von Hans Schwabl vertreten, dem sich auch Gadamer anschloss (und Gemelli Marciano).[294] Eine Entscheidung ist anhand des isolierten Fragments gar nicht zutreffen. Rein philologisch betrachtet, liegt die Übersetzung nach der Ausgabe von Aubenque zunächst näher.[295] Der Auslegung von ἄ-φαντος als „nicht scheinend", also „lichtlos" schließt sich auch Vetter an.[296]

Der Übersetzung von Fragment B 9 ist die Randbemerkung beigefügt: „Die Grundhinsichten – Vor-scheine – alles Erscheinens."[297] Diese sind Licht und Dunkel (oder lichtlose Nacht). „Kurz gesagt", ergibt sich für Heidegger: „alles Erscheinende zeigt sich nicht nur im Licht, in Erhellung und Dunkel und Verfinsterung und verbirgt sich da zugleich, sondern das *Erscheinen ist zugleich ihr ‚Sein'*."[298] „Sein" ist hier in Anführungszeichen gesetzt. Es ist nicht das volle und ursprünglich-eine-einzige *Seiend-sein*, Heidegger spricht von einem „Zwischen":

„Und wieder ist Wesentliches gesagt über die beiden Grundhinsichten Licht und Dunkel; *beide sind einander gleich* (vgl. oben 8, 54), keines vor dem anderen einen

291 Parmenides (2016): 136 f.
292 Aubenque (éd) (1987): 61 f.; vgl. auch Parmenides (1965): 161.
293 Heidegger *GA* 35: 187.
294 Schwabl (1953); vgl. Parmenides (2001): 37, Anm. *; Vorsokartiker (2013): 27.
295 Nämlich μηδ-έν eigentlich μηδὲ εἷς, „*keiner*, auch nicht einer", und (das) „Nichts" zumeist (zwar nicht im Lehrgedicht des Parmenides, vgl. Frgm. B 6, 2) mit Artikel *τὸ* μηδέν (vgl. Pape (1914), Bd. 2: 170).
296 Parmenides (2016): 139.
297 Heidegger *GA* 35: 187, Anm. 91.
298 Heidegger *GA* 35: 187 f.

Vorzug, denn sie sind beide nicht gänzlich Nichts. Sie sind aber auch nicht Sein, sondern eben *das Zwischen, was von beiden hat*, was so aussieht wie Sein und eben *als* so aussehendes es *nicht* ist: mithin *scheint*."[299]

Zuvor heißt es auch: „Dieses Erscheinende aber gibt sich gerade als das Seiende [das Seiend, τὸ ἐόν], der Schein ist das vermeintliche Sein [Seiend-sein]."[300] Die Auslegung passt zunächst nicht völlig zur Übersetzung. Licht und Dunkel sind einerseits „nicht gänzlich Nichts", andererseits heißt es in der Übersetzung (Vers 4): „keinem mit dabei (ist) das Nichts." Vielleicht sollte die Übersetzung so ergänzt werden: „keinem mit dabei (ist) *(für sich selbst)* das Nichts".

Das jeweils Erscheinende ist nicht *für sich selbst* scheinhaft, sondern die Erscheinung wird zum Schein, wenn die Sterblichen das erscheinende Seiende „vermeintlich" für das eine-einfach-einzig-selbige Sein selbst nehmen. Der Weg zum Sein ist nur dann möglich, wenn der Schein *als* Schein von den Sterblichen aufgedeckt, verstanden und festgehalten wird.

Jochen Schlüter erörtert im abschließenden sechsten Kapitel (§§ 62–68) seiner Heidelberger Dissertation über *Heidegger und Parmenides* (gemäß der Überschrift) eine Reihe von „[k]ritische[n] Bemerkungen zu Heideggers Auslegung des Parmenides"[301], die hier in ihrer Gesamtheit nicht erörtert werden können. Es wurde in § 2 bereits darauf hingewiesen, dass es Heidegger in erster Linie nicht um eine philosophiehistorische oder philologisch-wissenschaftliche Untersuchung des anfänglichen Denkens bei Parmenides geht. Eine wesentliche Frage Schlüters soll herausgegriffen werden:

„Dabei muß gefragt werden , ob H[eidegger]s These auch dann haltbar ist, wenn [...] in B 2 von Parmenides nicht nur eine Entgegensetzung der Wege zu Sein und Nichts, wie H[eidegger] glaubt, sondern eine exklusive Disjunktion im modus tollendo ponens vorgelegt wird [...]."[302]

Zunächst ist zu fragen, ob eine Schlussfigur der traditionellen Aussagenlogik, auch „Disjunktiver Syllogismus"[303] genannt, der erst auf die Stoa zurückgeht, im logisch strengen Sinne auf Parmenides zurückprojiziert werden darf (vgl. oben § 7 e). Aber auch Schlüter gibt zu bedenken:

„Wenn Parmenides die Ungewordenheit, Ganzheit, Vollendung des ἐόν beweist, indem er zeigt, daß ihr kontradiktorisches Gegenteil nicht die Bedingung erfüllt, die dem Begriff des Ist entspricht [...], dann liegt darin eingeschlossen, daß dieses Gegenteil zumindest eine Denkmöglichkeit für den Menschen ist."[304]

---

299 Heidegger *GA* 35: 188.

300 Heidegger *GA* 35: 186 (Ergänzungen in eckigen Klammern vom Verf.).

301 Schlüter (1979): 305.

302 Schlüter (1979): 322.

303 Vgl. Art. ‚Syllogismus/Syllogistik' in: Sandkühler (Hg.) (2010), Bd. 3: 2656 f.

304 Schlüter (1979): 326.

Die neuere Auslegung von Helmuth Vetter kommt Heidegger deutlich näher. Ziel „einer *phänomenologischen* Analyse“ ist es für ihn, „die Dualität von Sein und Schein aufzuheben und in der Einheit von Schein (δόξα), Sein (εἶναι) und Erscheinen (dem περᾶν der δοκοῦντα) zu gründen.“[305] Damit ergibt sich in weitgehender Übereinstimmung mit Heideggers Auslegung:

„Es handelt sich somit nicht um die Differenz von *Sein* (εἶναι °B 6.1) und *Schein* (die δόξαι der βροτοί °B 1.30), sondern um die Gesamtheit aller *Erscheinungen* (τὰ δοκοῦντα °B 1.32), die sich erst dann als bloßer Schein erweisen (δόξας βροτείας °B 8.51), wenn sie meinen, sich an die Stelle des Seins setzen zu können (κατέθεντο °B 8.53).“[306]

Vetter stimmt auch mit Georg Picht überein: „Kein Grieche hätte eine Lehre vom Sein akzeptiert, die nicht auch den sinnlich sichtbaren Kosmos zu erklären erlaubt.“[307]

In gewisser Weise vergleichbar ist Heideggers Einsicht, dass im Übergang vom Verfallen, also der Doxa, zur Eigentlichkeit nicht die ‚Welt‘ (im *ontischen* Sinne) inhaltlich eine andere wird, sondern nur unser *Seins*verständnis sich gewandelt hat:

„Diese *eigentliche* Erschlossenheit modifiziert aber dann gleichursprünglich die in ihr fundierte Entdecktheit der ‚Welt‘ und die Erschlossenheit des Mitdaseins der Anderen. Die zuhandene ‚Welt‘ wird nicht ‚inhaltlich‘ eine andere, der Kreis der Anderen wird nicht ausgewechselt, und doch ist das verstehende besorgende Sein zum Zuhandenen und das fürsorgende Mitsein mit den Anderen jetzt aus deren eigenstem Selbstseinkönnen heraus bestimmt.“[308]

Wie es in einer Randbemerkung zu Heideggers Abhandlung *Der Begriff der Zeit* (1924) heißt, die (mit den Worten des Herausgebers Friedrich-Wilhelm v. Herrmann) „mit Fug und Recht als die Urfassung von ‚Sein und Zeit‘ gekennzeichnet werden“ kann, ändert sich in der „Sorge – und Bekümmerung (Wie)“ nun im „eigentliche[n] Freisein“ „nichts im *Was* und wenn – dann aus *Wie* | aber nicht umgekehrt“.[309]

Der Rede der „Göttin der Wahrheit“ des parmenideischen Lehrgedichtes würde dann der „Ruf des Gewissens“ als „Aufruf zum eigensten Selbstsein*können*“ in § 56 von *Sein und Zeit* korrespondieren, der aber „jeglicher Verlautbarung“ entbehrt.[310] Aufgerufen wird das „Man-selbst“ im Modus der Verfallenheit.

---

305 Parmenides (2016): 201.
306 Parmenides (2016): 199 f.
307 Picht (1996): 199; zitiert in: Parmenides (2016): 191, Anm. 99.
308 Heidegger *GA* 2: 394 f.
309 Heidegger *GA* 64: 1–103, 60, Anm. (70), vgl. ‚Nachwort des Herausgebers‘, 127–133, 132 f.
310 Heidegger *GA* 2: 362 f.; vgl. Schüßler (1993).

c) Fragment B 16

Es soll nur noch das Fragment B 16 des Doxa-Teils betrachtet werden, denn Heidegger bemerkt dazu: „Das *einzige Fragment*, aus dem wir etwas über das δοξάζειν und zwar in seiner *notwendigen Beziehung auf den Schein* erfahren, ist das Fragment 16.“[311]

Wesentlich für die Übersetzung sind hier vor allem die jeweiligen griechischen Begriffe, hier zunächst der griechische Text mit der Übersetzung von Helmuth Vetter:

1 ὡς γὰρ ἑκάστοτ’ ἔχει κρᾶσιν μελέων πολυπλάγκτων,
τὼς νόος ἀνθρώποισι παρίσταται·[312] τὸ γὰρ αὐτό
ἔστιν ὅπερ φρονέει μελέων φύσις ἀνθρώποισιν
4 καὶ πᾶσιν καὶ παντί· τὸ γὰρ πλέον ἐστὶ νόημα.

1 „Wie nämlich jeder hat eine Mischung umher getrieb’ner Organe,
so tritt das Denken den Menschen zur Seite; das Selbe nämlich
ist, was der Organe Natur den Menschen ansinnt,
4 allen und jedem; das Größere freilich ist der Gedanke.“[313]

Heidegger gibt die folgende Übersetzung:

„Denn wie jeweils das Vernehmen sich hält in einer Mischung des vielirrenden Leibes, so steht es den Menschen zur Verfügung, denn dieses (gemeine) Vernehmen ist dasselbe, was die Leiberschauung der Menschen bei allem und bei jedem bedenkt (vermeint). Denn das Mehr (Übergewicht) ist jeweils das Vernehmen.“[314]

Die Auslegung und Übersetzung dieses Fragments ist schwierig und umstritten.[315] Im Griechischen steht κρᾶσιν *μελέων* πολυπλάγκτων (Vers 1), wörtlich eine „Mischung der viel schwankenden *Teile*“, was Vetter mit „Mischung umher getrieb’ner *Organe*“ übersetzt und Heidegger mit „Mischung des vielirrenden *Leibes*“. Mit „Teile“ sind die Körperteile (Leibesteile) gemeint, nicht etwa die Glieder des Kosmos, die Elemente, wie Jochen Schlüter einsichtig erläutert:

---

311 Heidegger *GA* 35: 192.

312 Nach Diels – Kranz. In anderen Ausgaben hier auch (nach Theophr.): παρέστηκεν· (Parmenides (2019): 18 (Nr. 18); Vorsokratiker (2021): 316–341, 338 (Nr. 31)).

313 Parmenides (2016): 144.

314 Heidegger *GA* 35: 192.

315 Vgl. Schlüter (1979): § 61.

„φύσις erhält demgegenüber eine sinnvolle Funktion, wenn μελέων die menschlichen Glieder meint: Die jeweilige Zusammensetzung der Glieder erkennt (etwas). φύσις würde auf den Grund des Erkennens der Glieder, die Elemente verweisen.“[316]

Der Begriff φύσις tritt in dem gesamten Lehrgedicht neben diesem Fragment nur noch in Fragment B 10, 5 des Doxa-Teils auf, überhaupt nicht im Aletheia-Teil, was auch gegen den ursprünglichen Titel *Περὶ φύσεως* spricht (vgl. oben § 1). Des Weiteren verweist Schlüter darauf, dass der logische Textzusammenhang noch einfacher wird, „wenn man νόημα als ‚Gedanke‘ übersetzen und die Bedeutung ‚das Gedachte‘ wenigstens mitdenken darf“[317], worauf oben (§ 7 e) bereist hingewiesen wurde.

Entscheidend ist ferner das griechische Wort κρᾶσις. Vetter zitiert aus einer Untersuchung von Martina Stemich:

„Im hippokratischen Sinn entsteht κρᾶσιν dann, wenn die Elemente im Körper ebenmäßig verteilt sind. Ohne dieses Gleichmaß aber wird der Mensch krank. Εὐκρασία, die *gute Durchmischung*, steht in hippokratischen Texten selbstredend für Gesundheit.“[318]

Der menschliche Körper ist (in seinem Normalzustand) ein „ebenmäßig“ bzw. harmonisch zusammenstimmendes Ganzes, das immer schon mehr ist als die Summe seiner Teile oder der einzelnen Organe. Heideggers Übersetzung mit „Leib“ ist also durchaus angemessen. Er gibt die folgende Erläuterung des Fragments B 16:

„Hier zunächst klar gesagt: das Vernehmen *geschieht in der Leiblichkeit*. Diese ist ([Frgm. B] 12, 4 f.) *sich Mischendes* und *selbst Gemischtes*, erscheint in Geburt und Tod und Zeugung und allem Tun irgendwie notwendig sinnlich, womit nicht etwa nur die Sinneswerkzeuge gemeint sind, sondern *Sinnlichkeit*, wie sie die ganze Gestimmtheit des Menschen, eben das, wie ihm jeweils ist, trägt und durchherrscht.“[319]

Nicht zufällig greift Heidegger hier auch die Leiblichkeit des Menschen auf. Bei Parmenides ist der Leib „nicht etwa, wie nach christlicher Vorstellung, das Böse“.[320] Die Leiblichkeit ist ein Phänomen, das Heidegger keinesfalls vernachlässigen wollte oder als unwichtig betrachtete, nur gehört diese für ihn nicht zur *Fundamentalontologie* des Daseins (von *Sein und Zeit*), sondern – mit einem Begriff von Edmund Husserl – zu einer „regionalen Ontologie“[321], wofür er später einen eigenen ontologischen Terminus prägt, nämlich zu einer „Metontologie“[322] der Exis-

[316] Schlüter (1979): 296.
[317] Schlüter (1979): 297.
[318] Parmenides (2016): 146; zitiert nach Stemich (2008): 159.
[319] Heidegger *GA* 35: 192.
[320] Heidegger *GA* 35: 193.
[321] Vgl. Heidegger *GA* 25: 39; Husserl (1976): § 16.
[322] Heidegger *GA* 26: 196–202; vgl. Herrmann (2012).

tenz. Daher heißt es in § 23 von *Sein und Zeit*, dass die Leiblichkeit „eine eigene hier [d. h. in der Fundamentalontologie] nicht zu behandelnde Problematik in sich birgt".[323] Die eingehendsten Untersuchungen zur Leiblichkeit finden sich in den gemeinsam mit dem Schweizer Psychiater Medard Boss (1903–1990) in den Jahren 1959 bis 1969 abgehaltenen *Zollikoner Seminaren.*[324]

In Fragment B 16 sagt Parmenides nun, dass auch das Vernehmen selbst und der mögliche Umkreis der Vernehmbarkeit bestimmt wird von der Leiblichkeit. Heidegger gibt die folgende Erläuterung:

„Und nun sagt Parmenides hier: so wie das, was im Vermeinen Gemeinte, das Erscheinende jeweils aus Licht und Dunkel, Leichtem und Schwerem gemacht ist, so ist auch das Vermeinen jenachdem, entweder selbst gelichtet und licht und leicht, oder dumpf ungelichtet, schwer und schwerfällig, bei allem und jedem Einzelnen jeweils verschieden. *Und das jeweilige Mehr an Licht oder Dunkel in der Leiblichkeit selbst bestimmt das Vernehmen und den möglichen Umkreis der Vernehmbarkeit.*

Aus [Frgm. B] 1, 34–37 wissen wir, wie das gemeine Meinen sich verlegt in das unsichtige Sehen und lärmvolle Ohr und Gerede, gemäß der Vorherrschaft des Dunklen und Schweren, d. h. Ungelichteten.

Es bleibt also zu beachten, daß das Vernehmen leiblich ist und daß dennoch auch das reine Vernehmen im Gehen des ersten Weges nie für sich frei schwebt, sondern nur ist, was es ist, in der Auseinandersetzung mit der Irre und Zwiespältigkeit des Hin und Her des Leibes."[325]

Man darf Parmenides nicht sogleich *platonisch* interpretieren, wie das auch Hans Schwabl hervorhebt: „Das Wesentliche ist, daß für Parm[enides] die (erst von Platon stammende) Gleichsetzung: Sein = Welt des νοῦς, Doxa = Welt der Sinne abgelehnt werden muß."[326]

Die Erörterung des sinnlich-leiblichen Vernehmens schließt Heidegger ab unter Verweis auf ein Fragment (28 A 46 nach Diels – Kranz) des Peripatetikers Theophrast (geb. um 371 v. Chr. in Eresos auf der Insel Lesbos), des bevorzugten Schülers des Aristoteles, weil darüber bei Parmenides kein direktes Zeugnis überliefert

[323] Heidegger *GA* 2: 145. In § 60 von *Sein und Zeit* spricht Heidegger noch vom „Aufgabenkreis der thematischen existenzialen Anthropologie" (Heidegger *GA* 2: 399), der (neben dem Phänomen der Leiblichkeit) auch die Frage der Ethik umfassen müsste (vgl. auch Heidegger *GA* 26: 199; *GA* 3: 232; *GA* 80.1: 213–251) und nicht mehr zur Fundamentalontologie gehört.

[324] Heidegger *GA* 89; vgl. Noveanu (2019).

[325] Heidegger *GA* 35: 192 f.

[326] Schwabl (1953): 50, Anm. 1; revidiert: 391, Anm. 1; vgl. Parmenides (2016): 191, 194, 199, 201; ferner Heidegger *GA* 7: 243.

ist. Das Fragment bezieht sich auf den Leichnam, den „toten Leib" (ὁ νεκρός), wie Heidegger erläutert:[327]

„Wo das Licht und das Lichte ausbleibt, wie im toten Leib, *da nicht etwa nichts*, sondern das *Dunkle* und *Dichte, Verschlossene, Stumme*. Daher – der Tote vernimmt das Kalte, der Tote hört das Schweigen. Auch der Tote, nicht mehr Lebendige, vernimmt."[328]

Von da aus ist es auch nicht mehr weit zu der Feststellung, dass eben „alles Stoffliche irgendwie vernehmend ist", mithin „überhaupt alles Seiende irgendwie so etwas hat wie Vernehmung" (καὶ ὅλως δὲ πᾶν τὸ ὂν ἔχειν τινὰ γνῶσιν).[329] Damit ergibt sich:

„Das Vernehmen gehört nicht nur jeweils zur Leiblichkeit, d. h. in das Erscheinende, sondern auch umgekehrt *alles Erscheinende durch und durch* ist *als solches* jeweils in seiner Weise vernehmend."[330]

Ein solches Denken ist uns heute fremd. Wolfgang Röd spricht vom „Hylozoismus" (oder „Panpsychismus"), der auf der Vorstellung beruhte, „daß alles Wirkliche als solches belebt, beseelt bzw. in gewissem Sinne geistig" sei.[331] Auch nach Platons *Timaios* gehört es zur höchsten Vollkommenheit und Schönheit des Weltalls, des Kosmos (Makrokosmos und Mikrokosmos), dass er „ein beseeltes und in Wahrheit vernunftbegabtes [ver-nehmenbegabtes] Wesen" (τὸν κόσμον ζῷον ἔμψυχον ἔννουν τε τῇ ἀληθείᾳ) ist.[332] Noch für Leibniz kann es (nach der Auslegung des Verfassers) aus prinzipiellen *metaphysischen* Gründen keine unorganischen oder schlechthin unbeseelten Monaden geben.[333]

Dagegen ist für Heidegger z. B. der Stein „weltlos", „zu seinem Sein gehört die wesenhafte *Zugangslosigkeit* zum Seienden".[334]

[327] Nicht zufällig befasst sich auch Klaus Held in seiner Parmenides-Interpretation mit diesem Fragment des Theophrast (Held (1980): 554 ff.; vgl. Neumann (2006b): 118 f.)

[328] Heidegger *GA* 35: 194.

[329] Heidegger *GA* 35: 194.

[330] Heidegger *GA* 35: 193.

[331] Röd (2009): 28 und 50, vgl. 73 f.

[332] Platon (1992): 32 f. (*Timaios* 30 b 7 f.).

[333] Diese Auslegung von Leibniz ist jedoch umstritten (vgl. Neumann (2017): Anhang II, 70–75).

[334] Heidegger *GA* 29/30: 290.

III
Die Parmenides-Rezeption im Rahmen des Ereignis-Denkens

§ 9 Der Text ‚Moira (Parmenides, [Fragment] VIII, 34–41)' (1952)

Am Ende seiner Freiburger Vorlesung *Was heißt Denken?* vom Sommersemester 1952 sagt Heidegger zum berühmten Fragment B 3 des Parmenides:

„Dagegen ist ein anderes klar: der Spruch τὸ γὰρ αὐτὸ νοεῖν ἐστίν τε καὶ εἶναι wird das Grundthema des gesamten abendländisch-europäischen Denkens. Dessen Geschichte ist im Grunde eine Folge von Variationen zu diesem einen Thema, auch dort, wo der Spruch des Parmenides nicht eigens genannt wird."[335]

Heidegger verweist auf Kant (vgl. oben § 4 b):

„Die großartigste Variation, die bei aller Verschiedenheit der metaphysischen Grundstellung in ihrer Größe der Hoheit des frühen griechischen Denkens entspricht, ist jener Satz Kants, den er als den obersten Grundsatz aller synthetischen Urteile a priori [*Kritik der reinen Vernunft* A 158, B 197] denkt. Das, was Kant die synthetischen Urteile a priori nennt, ist die neuzeitliche Auslegung des λέγειν τε νοεῖν τε ἐὸν ἔμμεναι [Frgm. B 6, 1]. In jenem Grundsatz sagt Kant, daß und wie das Denken, d. h. das Vorstellen des (erfahrbaren) Seienden hinsichtlich seines Seins, mit dem Sein des Seienden zusammengehört. Aber für Kant zeigt sich das Seiende als der Gegenstand der Erfahrung. ‚Sein' besagt die Gegenständigkeit des Gegenstandes."[336]

Was Parmenides im Fragment B 3 sagt, ist aber „auch verschieden von jenem Satz, durch den Hegel den Kantischen Grundsatz in das Absolute versetzt und verwandelt, indem er sagt, ‚daß das Sein Denken ist' (Vorrede zur ‚Phänomenologie des Geistes' […])."[337] Im Gegensatz zum frühen Satz des Parmenides liegt die Betonung bei Hegel auf dem *Denken*. Insofern die Sätze bei Kant und Hegel für Heidegger eine bestimmte, aber vom Satz des Parmenides „grundverschieden[e]" Variation darstellen, „läßt sich dieser nicht von Kant [und Hegel] her verstehen und auslegen, wohl dagegen ist das Umgekehrte möglich und nötig."[338] Eine solche Auslegung im Rückgang in den Anfang bei Parmenides unternimmt Heidegger, was Hegel betrifft, in seinem Vortrag ‚Der Satz der Identität' (vgl. unten § 10).

Nach dem Beginn des Textes ‚Moira' bleibt für uns als *geschichtliche* Menschen das Verhältnis von Denken und Sein „der unversehrliche Prüfstein":

---

[335] Heidegger *GA* 8: 246.
[336] Heidegger *GA* 8: 246 (Ergänzungen in eckigen Klammern vom Verf.).
[337] Heidegger *GA* 8: 247; vgl. Hegel (1969–1979), Bd. 3: 53.
[338] Heidegger *GA* 8: 246 (Ergänzung in eckigen Klammern vom Verf.).

„Das Verhältnis von Denken und Sein bewegt alle abendländische Besinnung. Es bleibt der unversehrliche Prüfstein, an dem ersehen werden kann, inwieweit und auf welche Art die Gunst und das Vermögen gewährt sind, in die Nähe zu dem zu gelangen, was sich dem geschichtlichen Menschen als das zu-Denkende zuspricht.“[339]

Ein eröffnetes Gespräch mit dem frühen Denken bleibt für Heidegger nur dann frei, wenn wir es nicht „mit späteren Lehrmeinungen“ überdecken:

„Vermutlich muß jedoch alles spätere Denken, das ein Gespräch mit dem frühen versucht, jeweils aus seinem eigenen Aufenthaltsbereich her hören und so das Schweigen des frühen Denkens in ein Sagen bringen. [...] Alles liegt daran, ob sich das eröffnete Gespräch zum voraus und je und je erneut dafür freigibt, dem zu erfragenden Anspruch des frühen Denkens zu entsprechen, oder ob das Gespräch sich ihm verschließt und das frühe Denken mit späteren Lehrmeinungen überdeckt.“[340]

Das im Titel des hier behandelten Textes, ein nicht vorgetragenes Stück der Vorlesung *Was heißt Denken?*, herausgehobene Wort „Moira“ (Μοῖρα) bezieht sich auf Fragment B 8, 37 (vgl. oben § 7 e). Gegenüber dem christlichen Gottesbegriff stand bei den Griechen die Μοῖρα, das personifizierte Schicksal oder Geschick, noch über den Göttern. Bei Homer kommt Μοῖρα fast ausschließlich in der Einzahl vor. Nach der *Ilias* (XVI. Gesang, Vers 433–458) kann Zeus beispielsweise Sarpedon nicht retten, dessen Zeit abgelaufen ist, da er sonst die unverbrüchliche Ordnung zerstören würde. Bei Heidegger hängt Μοῖρα eng mit dem Sagen im Mythos (μῦθος) als dem „rufende[n] zum-Scheinen-Bringen“[341] der Göttin Ἀλήθεια zusammen.

Zum Text ‚Moira‘ bemerkt Jochen Schlüter: „Übrigens ist Moira als das dem Denken das jeweilige Anwesen des Anwesenden Zuteilende wie Aletheia ein verborgenes Vorspiel dessen, was H[eidegger] in ID [*Identität und Differenz* (1957)] und in ZS [*Zeit und Sein* (1962)] Ereignis nennt.“[342] Moira rückt in die Nähe der Aletheia, wobei der bindend-entbindende Charakter der Moira, wie noch dargelegt wird, herausgestellt wird. Im Unterschied zu den früheren Untersuchungen sind die späteren Auslegungen Heideggers nur auf dem Boden des schon entfalteten Ereignis-Denkens überhaupt verständlich und nachvollziehbar.[343]

[339] Heidegger *GA* 7: 235–261, 237.

[340] Heidegger *GA* 7: 243 f.; vgl. auch *GA* 12: 79–146, 126 f.

[341] Heidegger *GA* 7: 253.

[342] Schlüter (1979): 182.

[343] Auf die philologischen Probleme von Heideggers Auslegung und Übersetzung kann hier nicht im Detail eingegangen werden (vgl. Schlüter (1979): 175–185).

a) Synopsis des Textes

Der Text ‚Moira‘ ist nach einer Einführung in sieben Abschnitte gegliedert. Für Heidegger vermag, wie er am Schluss ausführt, nur „das Endlose des Gesprächs“ mit dem frühen Denken die „Versicherung“ eines endgültigen Wissens zu verwinden, um „in sich und für das Andenken die Möglichkeit einer Verwandlung des Geschickes“ zu verwahren.[344]

Eine gute inhaltliche Zusammenschau der einzelnen Abschnitte (oder Kapitel) gibt ein Aufsatz von Nannette Kralle, der im Folgenden auszugsweise angeführt werden soll:

„Um einen ersten konkreteren Zugang zum Wesen des Verhältnisses von Denken und Sein zu bekommen, geht Heidegger im *ersten Kapitel* auf die unterschiedlichen Bedeutungen von Sein, Seiendes und Seiend, sowie ihren Bezug untereinander ein.“[345]

„Im *zweiten Kapitel* geht Heidegger näher auf das Fragment III ein. Es stellt die Frage, wie eine Zusammengehörigkeit von Denken und Sein beschaffen sein kann. [...]

Jedoch wird durch das Wort *to auto* nichts über das Wesen der Zusammengehörigkeit gesagt. *To auto* bleibt für Heidegger das Rätselwort und muss es bleiben, um es in seiner Fülle bedenken zu können. Nur durch das Hören bleibt ein Zugang zum Wesen der Zugehörigkeit offen.“[346]

„Im *dritten Kapitel* beschäftigt sich Heidegger mit der Zugehörigkeit von Denken und Sein aus der Perspektive der Sprache.“[347]

„Im *nächsten [vierten] Kapitel* führt Heidegger das griechische Denken der Aletheia genauer ein. Er fragt, was in der *phasis* und im *logos* geschieht. Es scheint, als geschähe hier die Entfaltung der Zwiefalt, die im lichtenden Anwesen Anwesendes erst zum Vorschein bringt.“[348]

„Desweiteren kann über die Aletheia gesagt werden, dass sie das Denken braucht, wenn Anwesendes erscheinen soll, wie Heidegger am Ende des *fünften Kapitels* eigens betont. [...] Die Aletheia braucht das Denken in Sinne des Vernehmens und Vorliegen-Lassens, wenn Anwesendes erscheinen soll; zugleich gewährt sie die Lichtung des Anwesens.“[349]

Im *sechsten Kapitel* deutet Heidegger die Stelle über die Moira als eine ‚Zuteilung, die gewährend verteilt und so die Zwiefalt entfaltet‘. Moira wird so zum Ge-

---

[344] Heidegger *GA* 7: 261.
[345] Kralle (2008): 234 (Hervorhebung der *Kapitel* hier und im Folgenden vom Verf.).
[346] Kralle (2008): 235.
[347] Kralle (2008): 236.
[348] Kralle (2008): 237.
[349] Kralle (2008): 238.

schick des Seins, bzw. Geschick der Zwiefalt als *eon*. Hier ergibt sich für Heidegger eine neue Bestimmung der Geschichte: Geschichte meint nun das Geschick der Zwiefalt."[350]

„Im *siebten Kapitel* […] kommt Heidegger nochmals darauf zu sprechen, dass das Sagen als *phasis* zum-Vorschein-Bringen ist. Im zum-Vorschein-Bringen des Sagens waltet die Entfaltung der Zwiefalt und bestimmt vielleicht, was sich zeigt und was nicht.

Im Folgenden beschäftigt sich Heidegger mit dem wohl bekanntesten Thema des parmenideischen Lehrgedichtes. Gemeint ist das Meinen der Sterblichen, welches er nun in Verbindung mit der Moira bringt. Heidegger fragt, was aus dem entbergenden Geschick der waltenden *phasis* wird, wenn das Geschick das in der Zwiefalt Entfaltete dem alltäglichen Vernehmen der Sterblichen überläßt. Er findet die Antwort bei Parmenides und bezieht dessen Gesagtes im Lehrgedicht auf das Wesen der Zwiefalt. Die Sterblichen nehmen das zu Sagende unmittelbar auf. Die Zwiefalt bleibt ihnen jedoch verborgen."[351]

Eine vollständige Besprechung des weit ausgreifenden Textes kann im Rahmen des vorliegenden Bandes nicht gegeben werden. Daher soll hier nicht den vielfältig miteinander verwobenen Gedankengängen des Textes unmittelbar und fortlaufend gefolgt werden, sondern es werden die behandelten Fragmente des Lehrgedichtes als Leitfaden herangezogen.

b) Moira als das schickende Geschick der Zwiefalt von Sein und Seiendem (Fragment B 8, 35–38)

Am Schluss des Textes (Abschnitt VII) gibt Heidegger die folgende Zusammenfassung, die auf den schickenden Charakter[352] des Rufes der Aletheia in der Moira verweist:

„Parmenides hat dies [bei Heraklit] Gedachte ungedacht erfahren, insofern er, den Ruf der Ἀλήθεια hörend, die Μοῖρα des ἐόν, das Geschick der Zwiefalt im Hinblick auf das Anwesen sowohl als auch auf das Anwesende denkt."[353]

---

[350] Kralle (2008): 238.

[351] Kralle (2008): 239.

[352] Die Μοῖρα verteilt „schickend" heißt es an einer Textstelle (Heidegger *GA* 7: 258). In einem Anhang zur Vorlesung vom Sommersemester 1952 heißt es wörtlich: „Das Geschick des ‚Seins' (ἐόν) ist die Schickung der Zwiefalt, welches Geschick jedoch die Zwiefalt als solche im Verborgenen behält." (Heidegger *GA* 8: 264, vgl. 228).

[353] Heidegger *GA* 7: 235–261, 260.

Man könnte sagen, dass sich Parmenides und Heraklit in gewissem Sinne wechselseitig spiegeln und erhellen. Gemeint ist natürlich vor allem das berühmte Fragment B 123 des Heraklit (nach Diels – Kranz):

φύσις δὲ καθ' Ἡράκλειτον *κρύπτεσθαι φιλεῖ*.

Die Übersetzung lautet nach dem Text ‚Vom Wesen und Begriff der Φύσις. Aristoteles, Physik B, 1' (1939):

„Das Sein liebt es, sich zu verbergen."[354]

Heidegger behandelt dieses Fragment u. a. auch in seinem Beitrag zu einer Festschrift mit dem Titel ‚Aletheia (Heraklit, Fragment 16)' (1954), der auch in den Band *Vorträge und Aufsätze*[355] aufgenommen wurde.

Heidegger spricht zunächst (Abschnitt I) von der „Zwiefalt von Sein und Seiendem"[356], die als „Zwiefalt von Anwesen und Anwesendem"[357] zu verstehen ist. Dieser Schritt ist nicht völlig überraschend, insofern bereits in der Parmenides-Auslegung vom Sommersemester 1932 das Sein als Anwesenheit gedacht wird (vgl. oben § 7 f). Eine spätere Textstelle (Abschnitt V) verdeutlicht nun ausdrücklich, dass diese „Zwiefalt"[358] nicht mehr als „ontologische Differenz"[359] zu denken ist:

„Das Denken ist in einer Hinsicht außerhalb der Zwiefalt, zu der es, ihr entsprechend und von ihr verlangt, unterwegs bleibt. In anderer Hinsicht bleibt gerade dieses Unterwegs zu… innerhalb der Zwiefalt, die niemals nur eine irgendwo vorhandene und vorgestellte Unterscheidung von Sein und Seiendem ist, sondern aus der entbergenden Entfaltung west. Diese gewährt als Ἀλήθεια jeglichem Anwesen das Licht, darin Anwesendes erscheinen kann."[360]

Die „Zwiefalt" ist aber immer schon *aus ihrer Einfalt* heraus zu denken. In dem Text ‚Aus einem Gespräch von der Sprache. Zwischen einem Japaner und einem Fragenden' (1953/54) heißt es: „Sein selbst – dies sagt: Anwesen des Anwesenden,

---

[354] Heidegger *GA* 9: 239–301, 300. Eine andere Auslegung und Übersetzung gibt Heidegger in seiner Freiburger *Heraklit*-Vorlesung vom Sommersemester 1943 (Heidegger *GA* 55: 109 ff.).
[355] Heidegger *GA* 7: 263–288, 277–280.
[356] Heidegger *GA* 7: 245.
[357] Heidegger *GA* 7: 250.
[358] An anderer Stelle spricht Heidegger auch vom „*Unterschied*, die Zwiefalt beider" (Heidegger *GA* 8: 232). Zum (ereignisgeschichtlichen) Terminus „Unter-Schied" vgl. auch Heidegger *GA* 12: 7–30, bes. 22 und 27.
[359] Als Terminus im Sommersemester 1927 eingeführt (Heidegger *GA* 24).
[360] Heidegger *GA* 7: 255.

d. h. die Zwiefalt beider aus ihrer Einfalt. Sie ist es, die den Menschen zu ihrem Wesen in den Anspruch nimmt."[361]

Die ontologische Differenz von Sein und Seiendem ist noch nicht ursprünglich genug aus der Ἀλήθεια, dem Wesen der Wahrheit als Unverborgenheit des Seyns, her erfahren, sondern noch meta-physisch vom Seienden her aus dem Überstieg (transcendere) auf das Sein hin gedacht.[362] Heidegger hat die ontologische Differenz nicht einfach aufgegeben, sondern abgebaut, destruiert.[363] Mit u. a. Hegels *Wissenschaft der Logik* könnte man im erweiteren ontologischen Sinne auch vom *Auf-heben* (als *tollere – conservare – elevare*) der „ontologischen Differenz" sprechen.[364] Unter Verweis auf eine Denkskizze Heideggers aus den Jahren 1938–1941 bemerkt Pierpaolo Ciccarelli zur Destruktion der ontologischen Differenz: „Die ‚Überwindung der Metaphysik' erweist sich hier als mit der ‚Überwindung der ontologischen Differenz' gleichbedeutend."[365] Nach einer Unterscheidung von Friedrich-Wilhelm von Herrmann handelt es sich um eine „umdeutende Selbstinterpretation"[366] aus der Blickbahn des Ereignis-Denkens und seiner weiteren immanenten Wandlung.

Die Zwiefalt *als solche* bleibt aber bei Parmenides noch verborgen: „Allein, Parmenides denkt noch nicht die Zwiefalt als solche; er denkt vollends nicht die Entfaltung der Zwiefalt."[367] Heidegger nennt den Nebensatz (Frgm. B 8, 37 f.) des Parmenides, der die „Zuteilung" der Μοῖρα ausspricht, die in die Zwiefalt *ent-bindet* (oder entfaltet) und „so gerade in die Gänze und Ruhe" (οὖλον ἀκίνητον) *bindet* (ἐπέδησεν), den in Wahrheit „Satz aller seiner Sätze".[368] Dieses Binden und

---

[361] Heidegger *GA* 12: 79–146, 116; vgl. auch *GA* 8: 246 („das Anwesen des Anwesenden [...]: ihre Zwiefalt aus dem Verbergen ihrer Einfalt").

[362] Gemäß dem 259. Abschnitt der *Beiträge zur Philosophie (Vom Ereignis)* soll die (dann aber vor allem in den veröffentlichten Texten nicht immer umgesetzte) Schreibweise von „Sein jetzt als ‚Seyn'" anzeigen, dass das „seynsgeschichtliche Erfragen des Seyns" nun „überhaupt ins Außerhalb jener Unterscheidung von Seiendem und Sein" kommt und dementsprechend „das Sein hier nicht mehr metaphysisch gedacht wird" (Heidegger *GA* 65: 436).

[363] Vgl. Ciccarelli (2008). Es ist nicht überraschend, dass sich die „ontologische Differenz" bereits mit der Ausarbeitung des Ereignis-Denken in den *Beiträgen zur Philosophie* (1936–1938) verwandelt, wie Friedrich-Wilhelm von Herrmann erläutert: „Mit dem seinsgeschichtlichen Einblick in die ‚Bergung' verwandelt sich auch die zunächst transzendental-horizontal angesetzte ‚ontologische Differenz' von Sein und Seiendem in das, was Heidegger die ‚Gleichzeitigkeit' von Seyn und Seiendem nennt." (Herrmann (2019): 169; vgl. Heidegger *GA* 65: 13, 223, 250 f., 349). Diese „Gleichzeitigkeit" darf aber nicht im *innerzeitlichen* Sinne aufgefasst werden.

[364] Hegel (1969–1979) 5: 113–115; vgl. Heidegger *GA* 80.1: 281–325, 290, Anm. 20; ferner *GA* 84.2: 521, 623.

[365] Ciccarelli (2008): 182; vgl. Heidegger *GA* 68: 43.

[366] Herrmann (1964): 5, vgl. 9.

[367] Heidegger *GA* 7: 250, vgl. 257. In der Vorlesung *Was heißt Denken?* vom Sommersemester 1952 lautet die Randbemerkung zu dem Satz: „Aus dem ἐόν, aus dem Anwesen des Anwesenden, spricht die Zwiefalt beider." – „unentfaltet!" (Heidegger *GA* 8: 245, Anm. b).

[368] Heidegger *GA* 7: 256.

Ent-binden ist es, „aus welchen und in welchen beiden sich Anwesen von Anwesendem ereignet.“[369] Das Wort „ereignet“ ist hier nicht etwa wie das Wort ‚geschieht‘ aufzufassen, sondern ist (wie auch in anderen Texten entsprechend den zahlreichen Randbemerkungen Heideggers in seinen Handexemplaren) streng terminologisch im Sinne des „Leitwortes“[370] *Ereignis* gemeint.

Weshalb bleibt die Zwiefalt als solche verborgen? Sie hält selbst an sich, verbirgt sich in der Schickung:

„Im Geschick der Zwiefalt gelangen jedoch nur das Anwesen ins Scheinen und das Anwesende zum Erscheinen. Das Geschick behält die Zwiefalt als solche und vollends ihre Entfaltung im Verborgenen. Das *Wesen* der Ἀλήθεια bleibt verhüllt.“[371]

Die Zwiefalt als solche entfällt nach Heideggers ereignisgeschichtlicher Auslegung im Beginn des abendländischen Denkens sogleich in „die Vergessenheit“ (Λήθη) und ebenso deren – der Vergessenheit – „währendes Walten verbirgt sich als Λήθη, der die Ἀλήθεια so unmittelbar angehört, daß jene [die Λήθη] zugunsten dieser [der reinen Ἀλήθεια] sich entziehen und ihr das reine Entbergen in der Weise der Φύσις, des Λόγος, des Ἕν überlassen kann und zwar so, als bräuchte es keiner Verbergung.“[372]

Heidegger nennt hier den Text mit der Übersetzung von Walther Kranz nach der sechsten, verbesserten Auflage des ersten Bandes der *Fragmente der Vorsokratiker*[373] von 1951, die hier im Wesentlichen auch mit seiner früheren Übersetzung vom Sommersemester 1932 übereinstimmt (vgl. oben § 7 e):

37 …… ἐπεὶ τό γε Μοῖρ’ ἐπέδησεν
οὖλον ἀκίνητόν τ’ ἔμ(μ)εναι·

37 „‚…… da es (das Seiende) ja die Moira daran gebunden hat,
ein Ganzes und unbeweglich zu sein‘. (W. Kranz)“[374]

Heideggers Deutung der vorangehenden Verse B 8, 36 f. ist sicherlich problematisch, wie Schlüter einsichtig darlegt.[375] Heidegger möchte in seiner (neuen) Auslegung dieser Textstelle belegen, dass „es niemals ein Anwesen von Anwesendem“ *außerhalb* des τὸ ἐόν (*ἄνευ* τοῦ ἐόντος) (Vers 35) – als „Zwiefalt“ gedeutet – gibt,

[369] Heidegger *GA* 7: 256.
[370] Heidegger *GA* 9: 316, Anm. a; *GA* 11: 45.
[371] Heidegger *GA* 7: 256 f. (Hervorhebung vom Verf.).
[372] Heidegger *GA* 7: 246.
[373] Diels – Kranz (Hg.) (1951–1952) I: 238.
[374] Heidegger *GA* 7: 256 (Ergänzungen Heideggers in runden Klammern, die vorgenommene Ergänzung im griechischen Text (Vers 38) vom Verf. angezeigt).
[375] Schlüter (1979): § 33.

„denn dieses [Anwesen von Anwesendem] beruht als solches in der Zwiefalt".[376] Er hält sich dabei an eine (etwas konstruiert wirkende) Konjektur zum Vers 36 von Theodor Bergk[377] (οὐδ' ἦν γὰρ ἢ ἔστιν), die bei Diels – Kranz[378] nur im Apparat genannt wird, muss dann aber das Wort ἄλλο (anderes) (Vers 37) „fallen" lassen.[379] Ein gewisser „Anschein willkürlicher Gewaltsamkeit"[380] ist wohl an dieser herausgegriffenen Stelle nicht von der Hand zu weisen. Heideggers frühere Übersetzung vom Sommersemester 1932 – eingebettet in eine Gesamtinterpretation des Lehrgedichtes, während es der Text ‚Moira' nur durchgeht „in der Folge vereinzelter Erläuterungen"[381] – ist hier jedenfalls plausibler und dem (wohl einfacher und klarer auszulegenden) Gedankengang des Parmenides in diesen Versen näher:

35 οὐ γὰρ ἄνευ τοῦ ἐόντος, ἐν ᾧ πεφατισμένον ἐστίν,
εὑρήσεις τὸ νοεῖν· οὐδὲν γὰρ ⟨ἢ⟩ ἔστιν [Bergk: οὐδ' ἦν γὰρ ἢ ἔστιν] ἢ ἔσται
37 ἄλλο πάρεξ τοῦ ἐόντος, ἐπεὶ τό γε Μοῖρ' ἐπέδησεν

„35) Denn nicht ohne das Sein, in dem (das) ausgesprochen ist, wirst du erfragen das Vernehmen; denn weder war, noch ist, noch wird sein anderes außer und neben dem Sein.
37–51) … – da also das Geschick es gefesselt hat […]."[382]

Auch das *Vernehmen* (νοεῖν) gibt nämlich einen Wink in die „Zwiefalt", wie nun gezeigt wird.

c) Ein Wink des Parmenides in die Zwiefalt von Sein und Seiendem (Fragment B 8, 34 und Fragment B 6, 1)

Die Zwiefalt als solche bleibt bei Parmenides ungesagt. Als Hörende bleiben wir bereit, „uns erst einmal nach einem Sagen umhören, das helfen könnte, das Rätsel-

376 Heidegger *GA* 7: 255; vgl. auch *GA* 8: 264 (Auf die hier stillschweigend aufgenommene Konjektur von Bergk wird von der Herausgeberin im Rahmen der *Gesamtausgabe* nicht hingewiesen.).
377 Bergk (1886): 81. Bergk beruft sich für seine Rekonstruktion wiederum nur auf vermutliche Weglassungen im Text bei Simplicius (Simplicius (1882): 146, 9, vgl. 86, 31) und verweist auf Heinrich (von) Stein: „Steinius post *τὸ νοεῖν* plura intercidisse suspicatur […].") (Bergk (1886): 81; vgl. Stein (1867): bes. 791 f.; vgl. dagegen Parmenides (1995): 30 f., 156 f.; Vorsokratiker (2013): 22 f., 88).
378 Diels – Kranz (Hg.) (1951–1952) I: 238.
379 Schlüter (1979): 178 f.
380 Heidegger *GA* 7: 254.
381 Heidegger *GA* 7: 244.
382 Heidegger *GA* 35: 137 f. (Ergänzung der Konjektur von Bergk in eckigen Klammern vom Verf.); vgl. u. a. auch die ähnlichen Übersetzungen in: Parmenides (2016): 115; Vorsokratiker (2013): 23.

volle in seiner Fülle zu bedenken.“[383] Parmenides gibt uns aber einen ‚Wink‘, oder wie Heidegger hier (Abschnitt II) sagt: „Parmenides bietet eine Hilfe an.“[384] In Hölderlins Ode ‚Rousseau‘ (Vers. 31 f.) heißt es: „Der Wink genug, und Winke sind | Von Alters her die Sprache der Götter.“[385] Heidegger verweist hier auf das schon mehrfach erörterte Fragment B 8, 34, das „deutlicher“ sagt als Fragment B 3, „wie das ‚Sein‘ zu denken sei, dem das νοεῖν zugehört.“[386] Es wurde oben (§ 7 e) bereits darauf hingewiesen, dass νόημα immer schon ein Gedachtes *eines Denkens* bezeichnet – oder in Heideggers Worten: „Das νοεῖν aber heißt νόημα: das in die Acht Genommene eines achtenden Vernehmens.“[387] Aber das Fragment B 8, 34 sagt zugleich: οὕνεκεν ἔστι νόημα, „wessentwegen anwest Gedanc.“[388] Zum weiteren Aufweis kann Heidegger – wie es in der Vorlesung vom Sommersemester 1935 heißt – auf das immer schon „im gegenstrebigen Sinne“[389] Einige von Sein und Denken nun gemäß der neuen Auslegung als „Zwiefalt“ verweisen:

„Das Denken west der ungesagt bleibenden Zwiefalt wegen an. Das An-wesen des Denkens ist unterwegs zur Zwiefalt von Sein und Seiendem. In-die-Acht-Nehmen west die Zwiefalt an, sie ist schon (nach Fragment VI) durch das voraufgehende λέγειν [Frgm. B 6, 1], vorliegen-lassen, auf die Zwiefalt versammelt. Wodurch und wie? Nicht anders wie so, daß die Zwiefalt, derentwegen die Sterblichen sich in das Denken finden, selbst solches Denken für sich verlangt.“[390]

Heidegger gibt die folgende Zusammenfassung: „Aber der Zwiefalt beider wegen, des ἐόν wegen, west das Denken. Auf die Zwiefalt *zu* west das in-die-Acht-Nehmen das Sein an.“[391] Im Unterschied zur Neuzeit seit René Descartes – etwa bei Leibniz („appetitus“, „percipere“), George Berkeley („esse = percipi“) und Hegel („das Sein Denken ist“) – liegt der Vorrang bei Parmenides nicht auf der Seite des Denkens oder des percipere bzw. des percipi, sondern auf der Seite des *Seins*: „In solchem An-wesen gehört das Denken dem Sein zu.“[392]

---

[383] Heidegger *GA* 7: 247.

[384] Heidegger *GA* 7: 247.

[385] Hölderlin (1951): 13; vgl. dazu Heidegger *GA* 39: 32, vgl. auch 127 (Heraklit, Frgm. B. 93).

[386] Heidegger *GA* 7: 247.

[387] Heidegger *GA* 7: 247, vgl. auch 258.

[388] Heidegger *GA* 7: 247. ‚Gedanke‘ (‚Gedanc‘) hatte auch die Bedeutung ‚Dank‘ (Heidegger *GA* 8: 142 ff., 247; vgl. ‚Dank‘ und ‚Gedanke‘ in: Grimm (1999), Bd. 2: 726–733 und Bd. 4: 1940–1972).

[389] Heidegger *GA* 40: 147.

[390] Heidegger *GA* 7: 247, vgl. auch 255. (Griechisch λέγειν, lateinisch legere, als legen – sammeln.)

[391] Heidegger *GA* 7: 248.

[392] Heidegger *GA* 7: 248, vgl. 240–242 (zu Leibniz, Berkeley und Hegel). Zum „Esse erst percipi“ bei George Berkeley vgl. Kulenkampff (2001), zu Leibniz vgl. Neumann (2020). Dagegen wird von Nannette Kralle bestritten, dass „in einem unauflösbaren Gefüge“ dennoch „das Verhältnis von Denken und Sein“ oder „die Beziehung zwischen Denken und Aletheia“ einen (gewissen) „Vorrang“ haben (Kralle (2008): 238). Dem widerspricht Heidegger selbst aber ausdrücklich: „Parmenides nennt an beiden Stellen (Fragm. III und VIII, 34) den Spruch so, daß jeweils das νοεῖν (Denken) dem εἶναι (Sein) voraufgeht. Berkeley dagegen nennt das esse (Sein) vor dem percipi (Denken). Dies scheint

d) Das „Rätselwort" τὸ αὐτό (ταὐτόν) in Fragment B 3 und Fragment B 8, 34

Heidegger behandelt das „Rätselwort" τὸ αὐτό (ταὐτόν) in den Abschnitten II und IV. Er geht von der *betonten* Wortstellung am Satzanfang sowohl in Fragment B 3 als auch in Fragment B 8, 34 aus: „Indes muß auffallen, daß in beiden Fassungen des Spruches über das Verhältnis von Denken und Sein das Rätselwort am Beginn steht."[393] Er gibt nun die folgenden Übersetzungen:

B 3 … τὸ γὰρ αὐτὸ νοεῖν ἐστίν τε καὶ εἶναι.

B 3 „Das nämlich Selbe In-die-Acht-nehmen ist so auch Anwesen (von Anwesendem)."[394]

B 8, 34 ταὐτὸν δ' ἐστὶ νοεῖν τε καὶ οὕνεκεν ἔστι νόημα.

B 8, 34 „Das Selbe ist In-die-Acht-nehmen und (jenes), unterwegs zu dem das achtende Vernehmen."[395]

Das νοεῖν wird übersetzt als „In-die-Acht-nehmen". Durch diese Übersetzung wird zum Ausdruck gebracht, dass das νοεῖν nicht nur rein passiv-hinnehmend zu verstehen ist.[396] Etwas ausführlicher auf das νοεῖν geht Heidegger in dem Vortrag ‚Was heißt Denken?', ebenfalls aus dem Jahr 1952, ein:

„Vernehmen ist die Übersetzung des griechischen Wortes νοεῖν, das bedeutet: etwas Anwesendes bemerken, merkend es vornehmen und als Anwesendes es annehmen."[397]

In diesem Sinne gibt Ernst Tugendhat die folgende Erläuterung zu der grundlegenden Untersuchung ‚Die Rolle des νοῦς' von Kurt von Fritz: „Aber erstens hat v. Fritz nicht gezeigt, daß νοεῖν Erkennen bedeutet, sondern, daß es bei Homer so viel

---

darauf zu deuten, daß Parmenides dem Denken den Vorrang gibt, Berkeley jedoch dem Sein. Indes trifft das Gegenteil zu. Parmenides überantwortet das Denken dem Sein. Berkeley verweist das Sein in das Denken. In einer Entsprechung, die sich mit dem griechischen Spruch einigermaßen decken könnte, müßte der neuzeitliche Satz lauten: percipi = esse." (Heidegger *GA* 7: 242).

393 Heidegger *GA* 7: 251.

394 Heidegger *GA* 7: 251; vgl. auch *GA* 8: 245.

395 Heidegger *GA* 7: 251. Eine zuletzt auch von Hans-Georg Gadamer übernommene Position besagt, dass aufgrund der bereits angesprochenen strukturellen Analogie das Fragment B 3 nur eine unechte spätere Adaption von Fragment B 8, 34 (von Platon selbst) sei (vgl. Gadamer (1991): 3–31, 20; Gadamer (1996): 154). Dazu bemerkt Helmuth Vetter: „Wohl nur wenige Autoren dürften Gadamer folgen: […]. Mit dem fälschlich als ‚Mansonner' Zitierten bezieht sich Gadamer auf A. Marsoner: […]." (Parmenides (2016): 95, Anm. 182; vgl. Marsoner (1976–1978)).

396 Vgl. auch Heidegger *GA* 80.2: 791–815, 793 und 805.

397 Heidegger *GA* 7: 127–143, 140.

wie ‚Bemerken' heißt (das Englische ‚to notice' paßt besser), eine Situation auf Grund einer Wahrnehmung ‚Erfassen'."[398]

Die Übersetzung „wessentwegen"[399] (oder kurz ‚wegen'[400]) an einer vorangehenden Stelle von Fragment B 8, 34 für das οὕνεκεν wird nun zu „unterwegs zu" – vermutlich, um sich von jedem noch kausal-ursächlich verstandenen Zusammenhang abzugrenzen.

Rein grammatisch betrachtet, ist zwar dem griechischen Text von Fragment B 3 gemäß „das νοεῖν (Denken) in seinem Bezug zum εἶναι (Sein)" dessen „Subjekt", aber in der betonten Wortstellung von τὸ αὐτό (und von ταὐτόν in Fragment B 8, 34) am Beginn des Spruches klingt als „vermutlich der Grundton" für Heidegger „die Vorwegnahme dessen, *was* der Spruch eigentlich zu sagen hat", an.[401] Gemäß seinem hermeneutischen Verständnis „gehen wir über das von Parmenides Gesagte nicht hinaus", liegt hierin kein „Anschein willkürlicher Gewaltsamkeit", sondern gehen wir „nur zurück in das anfänglicher zu-Denkende"[402], nämlich in das zu-Denkende, was auch für Parmenides und die frühe griechische Philosophie und ihren Anfang noch ungesagt und verborgen bleibt, aber im Gesagten in gewisser Weise anklingt.

In einem anderen Text aus dem Jahr 1952 räumt Heidegger aber ein, dass wir Parmenides in diesem Sinne nun nicht mehr „griechisch" erblicken. In dem in Muggenbrunn am 15. September 1952 abgehaltenen ‚Colloquium über Dialektik' sagt er ausdrücklich: „Wenn man ‚Das Selbe' als Subjekt nimmt, denkt man nicht mehr wie Parmenides." So ist der Spruch des Parmenides „nur in einem letzten, nicht mehr griechischen Stadium zu lesen".[403] Ausführlicher und deutlicher heißt es dann in einem in Gesprächsform geschriebenen Text von 1953/54:

„Dieses Lichten selbst bleibt jedoch als Ereignis nach jeder Hinsicht ungedacht. Sich auf das Denken dieses Ungedachten einlassen, heißt: dem griechisch Gedachten ursprünglicher nachgehen, es in seiner Wesensherkunft erblicken. Dieser Blick ist auf seine Weise griechisch und ist hinsichtlich des Erblickten doch nicht mehr, nie mehr griechisch."[404]

---

398 Tugendhat (1992): 137, Anm. 6; vgl. Fritz (1943/1945/1946): bes. 265 ff.

399 Heidegger *GA* 7: 247.

400 Die Präposition ‚wegen' hängt etymologisch zusammen mit mittelhochdeutsch „*wec* ‚Weg' " (vgl. ‚Weg' in: Pfeifer (2010): 1544 f.).

401 Heidegger *GA* 7: 251.

402 Heidegger *GA* 7: 254.

403 Heidegger *GA* 86: 745–763, 760 f.; vgl. auch *GA* 8: 263.

404 Heidegger *GA* 12: 79–146, 127. Auf die Aufgabe des Denkens, das in der geschichtlichen Überlieferung noch Ungedachte freizulegen, verweist Heidegger auch in dem Vortrag ‚Die onto-theo-logische Verfassung der Metaphysik' (1956/57): „Allein wir suchen die Kraft [des früheren Denkens] nicht im schon Gedachten, sondern in einem Ungedachten, von dem her das Gedachte seinen Wesensraum empfängt." (Heidegger *GA* 11: 51–79, 57).

In einem Anhang zur Vorlesung vom Sommersemester 1952 erläutert Heidegger, dass in einem „überhaupt nicht mehr ontologisch-*metaphysisch* denkenden Schritt *zurück*", also „*[e]rst* in einem nicht mehr griechisch" denkenden Schritt, „sogar τὸ αὐτό als das ‚Subjekt' eines Satzes gelesen werden" kann und muss.[405] Was Heidegger hier eigentlich meint, ist der Rückgang in den anderen Anfang des Ereignis-Denkens, wie es in seinem Vortrag ‚Der Satz der Identität' (1957), der im Folgenden (§ 10) noch behandelt wird, dann deutlich zum Ausdruck gebracht wird.[406]

Kehren wir zum Text ‚Moira' zurück. Wenn Heidegger, rein grammatisch betrachtet, das τὸ αὐτό nun als das Subjekt des Spruches auslegt, dann bedeutet das sachlich das dem νοεῖν wie auch dem εἶναι und ihrer inneren Zusammengehörigkeit noch „im Grunde Liegende, das Tragende und Haltende":

„Das Rätselwort τὸ αὐτό, das Selbe, mit dem der Spruch beginnt, ist nicht mehr das vorangestellte Prädikat, sondern das Subjekt, das im Grunde Liegende, das Tragende und Haltende. Das unscheinbare ἐστιν, ist, bedeutet jetzt: west, währt, und zwar gewährend aus dem Gewährenden, als welches τὸ αὐτό, das Selbe, waltet, nämlich als die Entfaltung der Zwiefalt im Sinne der Entbergung: das nämlich entbergend die Zwiefalt Entfaltende gewährt das in-die-Acht-Nehmen auf seinem Weg zum versammelnden Vernehmen des Anwesens von Anwesendem."[407]

Aber im Rätselwort τὸ αὐτό „schweigt"[408] bei den Griechen das entbergende Gewähren der *Zusammengehörigkeit* der Zwiefalt des Anwesens von Anwesendem (εἶναι) mit dem versammelnden (λέγειν) Vernehmen (νοεῖν).

e) Die Meinungen der Sterblichen (βροτῶν δόξαι) und das gewohntermaßen Vernommene (τὰ δοκοῦντα) (Fragment B 8, 38–41 und Fragment B 4)

Der Weg der Doxa, der Sterblichen, wird nicht grundsätzlich anders ausgelegt als in der Vorlesung von 1932 (vgl. oben § 8), aber im Rückgang auf die noch ursprünglicher erfahrene und gedachte „Zwiefalt von Anwesen und Anwesendem"[409] werden Heideggers Ausführungen noch vertieft. Er wendet sich dieser Aufgabe im letzten Abschnitt (VII) des Textes ‚Moira' zu.

[405] Heidegger *GA* 8: 263 (1. Hervorhebung vom Verf.).
[406] Ausdrücklich auf „das Ereignis" und den „Satz der Identität" verweist Heidegger in einer Randbemerkung zur Vorlesung *Was heißt Denken?* vom Sommersemester 1952 (Heidegger *GA* 8: 234 f., Anm. a).
[407] Heidegger *GA* 7: 254.
[408] Heidegger *GA* 7: 254.
[409] Heidegger *GA* 7: 250.

Heidegger stellt die Frage: „Was aber wird aus der im entbergenden Geschick waltenden φάσις (Sage), wenn das Geschick das in der Zwiefalt Entfaltete dem alltäglichen Vernehmen von seiten der Sterblichen überläßt?“[410] Die Menschen halten sich sogleich an das, was sich ihnen unmittelbar und zunächst darbietet, „an das gewohntermaßen Vernommene, τὰ δοκοῦντα (Fragm. I, 31)“ und „halten dieses für das Unverborgene, ἀληθῆ (VIII, 39); denn es erscheint ihnen doch und ist so ein Entborgenes.“[411] Was den Menschen, den Sterblichen, erscheint und von ihnen im gewöhnlichen Sagen festgesetzt (κατατίθεσθαι, vgl. Frgm. B 8, 39) und benannt wird (ὄνομα, Frgm. B 8, 38), „das gewöhnlich Vernommene“, wird aber nicht „zum ‚bloßen‘ Namen“[412] – oder wie es an anderer Stelle heißt: „Dieser Anschein ist dann auch kein bloßer Schein.“[413]

Ein solches „gewohnte[s] Vernehmen“, das „Meinen der Sterblichen“, „bewegt sich zwar im Gelichteten des Anwesenden, sieht Scheinendes, φάνον (VIII, 41)“, „kennt nur εἶναί τε καὶ οὐχί (VIII, 40), Anwesen sowohl als auch Nichtanwesen“, begnügt sich mit dem Bekannten „im τε-καί (VIII, 40 f.), sowohl-als auch“, wie etwa „mit dem Sowohl-als auch des Entstehens, γίγνεσθαι, und Vergehens, ὄλλυσθαι (VIII, 40)“, aber „achtet nicht des stillen Lichtes der Lichtung, die aus der Entfaltung der Zwiefalt kommt“.[414] In einem Anhang der Vorlesung vom Sommersemester 1952 heißt es entsprechend: „Das Anwesen ist das Einende-Eine-Einzige, das als die Gänze west, nicht zerstückbar und vollends nie erst zusammengestückt aus dem jeweils An- und Abwesenden.“[415]

Als Beleg kann auch auf das Fragment B 4 verwiesen werden, das Heidegger bereits in seiner Vorlesung vom Sommersemester 1932 behandelte. Der Vers 1 des Fragments mit den Termini ἀπ-εόντα, Ab-wesendes, und παρ-εόντα, An-wesendes, lautet:

1 λεῦσσε δ’ ὅμως ἀπεόντα νόῳ παρεόντα βεβαίως·

Heideggers gibt in seiner Vorlesung von 1932 die folgende Übersetzung des gesamten Fragments B 4 (früher B 2):

[410] Heidegger *GA* 7: 258.
[411] Heidegger *GA* 7: 258 f.
[412] Heidegger *GA* 7: 259.
[413] Heidegger *GA* 8: 264; vgl. auch *GA* 5: 115–208, 176 f. Die Herabsetzung des Scheins ist wiederum *platonisch*: „Erst in der Sophistik und bei *Platon* wird der Schein zum bloßen Schein erklärt und dadurch herabgesetzt.“ (Heidegger *GA* 40: 113; zu den „drei Weisen des Scheines“ vgl. 107; ferner *GA* 84.2: 487–708, 551, 556, 677, 685; *GA* 87: 121–132).
[414] Heidegger *GA* 7: 259.
[415] Heidegger *GA* 8: 264.

„Sieh aber nun: wie das zuvor Abwesende dem Vernehmen bestandhaft anwesend, [2] denn (kein Vernehmen) kann den Zusammenhalt von Sein als Sein zerschneiden, [3] weder zur Zerstreuung überall hin gänzlich durch die Welt hin [4] noch zum Zusammenstand.“[416]

In Heideggers Erläuterung heißt es (aber noch ohne die aufgewiesene Zwiefalt von Anwesen und Anwesendem):

„Dieses Sein kann nicht zerschnitten und zerstückelt werden, um dann in Verstreuung sich zu verlieren bzw. wieder von da zusammengestellt zu werden (wenn es überhaupt erst gebildet wird), sondern Sein als die genannte Anwesenheit ist zumal *vor allem* unterschiedenen Seienden und Nichtseienden.“[417]

Der Irrtum (die Irre) der Sterblichen liegt darin, dass sie das verstreut (er)scheinende An- und Abwesende für das Anwesen als das Licht (der sich zwiefach entfaltenden) Lichtung *selbst* nehmen.

Den Spruch des Parmenides (Frgm. B 3) als einen Wink und Weg in das Ereignis-Denken erörtert Heidegger in seinem Freiburger Vortrag ‚Der Satz der Identität‘, der nun betrachtet wird.

---

[416] Heidegger *GA* 35: 174, vgl. 137. Entsprechend ordnet Heidegger das Fragment B 4 (früher B 2) zwischen Fragment B 8, 33 und B 8, 34 als Einschub ein (vgl. Heidegger *GA* 35: 137 und 174).
[417] Heidegger *GA* 35: 177 (Hervorhebung vom Verf.).

§ 10 Der Vortrag ‚Der Satz der Identität' (1957)

Im Sommersemester 1957 hielt Heidegger unter dem Titel ‚Grundsätze des Denkens' fünf Vorträge im Rahmen des Studium Generale an der Universität Freiburg i. Br.[418] Der dritte und bekannteste Vortrag dieses Zyklus mit dem Titel ‚Der Satz der Identität' ist dadurch herausgehoben, dass er von Heidegger als Festvortrag beim fünfhundertjährigen Jubiläum der Albert-Ludwigs-Universität Freiburg am 27. Juni 1957 zum Tag der Fakultäten in der Freiburger Stadthalle gehalten wurde.[419]

Wie es in dem Protokoll des Todtnauberger Seminars über den Vortrag ‚Zeit und Sein' von 1962 heißt, kommt das Ereignis in den Vorträgen und (veröffentlichten) Schriften „[a]m deutlichsten im Identitätsvortrag" zur Sprache.[420] In ähnlicher Weise erklärt Heidegger in dem Seminar in Le Thor 1969 zur Frage nach dem Ereignis: „Der geeignetste Text zur Erörterung dieser Frage ist der Vortrag ‚Der Satz der Identität', den man besser noch *hört* als liest. (Anspielung auf die Langspielplatte 33⅓ U/min, Pfullingen 1957.)"[421]

Insbesondere im Zwiegespräch mit Friedrich Hölderlin kam es zu inhaltlichen Wandlungen *innerhalb* der Blick- und Fragebahn des Ereignisses. So wandelte sich der Begriff der Welt in seinem Bezug zur Erde, aber „[a]uch das Geviert ereignet sich im ereignenden Zuwurf (Zuspruch) für den ereigneten (daseinsmäßigen) Entwurf."[422]

Entsprechend dem Titel nimmt der Vortrag seinen Ausgang beim Satz (Denkgesetz) der Identität (A = A) und leitet in knappen Schritten zu Parmenides über, wobei in den ersten Schritten vor allem Hegel den Hintergrund bildet. Die *geschichtlichen* Vorlesungen gehören nach Heideggers eigener Aussage „alle in den Umkreis jener Aufgabe, die in dem Entwurf ‚Vom Ereignis' [d. h. den *Beiträgen*

---

[418] Heidegger *GA* 79: 79–176; zur Textgrundlage vgl. das Nachwort der Herausgeberin, 177–181, 179. Vortragstext von ‚Der Satz der Identität' (bis auf geringe Abweichungen gegenüber dem gesprochenen Wort) in: Heidegger *GA* 11: 31–50, 83 (Anhang), 89–102 (Beilagen). Heideggers Festvortrag wurde aufgenommen und erschien zugleich im Verlag Günther Neske (später Klett-Cotta) als Langspiellatte (Laufzeit ca. 46 Min) (Pfullingen 1957; als Compact Disc (CD), 4. Aufl. Stuttgart 2005).

[419] Eine Gesamtinterpretation des Vortrages und der jeweiligen Schritte, die hier nicht geleistet werden kann, gibt: Neumann (2009a).

[420] Heidegger *GA* 14: 31–66, 44.

[421] Heidegger *GA* 15: 326–371, 366 mit Anm. 3 (hier in runden Klammern).

[422] Herrmann (1994): 29. Wie eine Randbemerkung zu ‚Der Satz der Identität' verdeutlicht, muss der Mensch als in das Geviert gehörend gedacht werden, wobei in dem Vortrag „aber absichtlich das Geviert verhüllt" bleibt (Heidegger *GA* 11: 47, Anm. (93), vgl. auch 83, 92, 102).

zur Philosophie (Vom Ereignis)] das *Zuspiel* genannt ist."[423] Auch die Vorlesungen und Besinnungen zu den Vorsokratikern gehören vor allem in den Umkreis des Zuspiels, d. h. der zweiten Fügung.[424] Heideggers immanente Selbstkritik am „*Unzureichende[n]*"[425] der noch metaphysisch-vorstellenden Sprechweise von „Sprung" und „Absprung", die er in einem Anhang und mehreren Beilagen formuliert und in vielen Randbemerkungen aufgreift, ist somit auch eine Selbstkritik an den entsprechenden Ausführungen in den *Beiträgen zur Philosophie.*

a) Der Rückgang vom Satz der Identität (A = A) als dem obersten Denkgesetz zu der in der Selbigkeit liegenden Vermittelung – Zwiegespräch mit Hegel – Rückgang zu Platon

Der Weg des Vortrags vom ‚Satz der Identität' bis zur Eröffnung des Hauptthemas, der denkerische Besinnung im Zwiegespräch mit Parmenides, durchläuft nur wenige knappe Schritte. Der Vortrag geht aus vom Satz der Identität als dem obersten Denkgesetz: „Der Satz der Identität lautet nach einer geläufigen Formel: A = A. Der Satz gilt als das oberste Denkgesetz."[426] Als Beleg für diese Feststellung kann beispielsweise auf die (große) *Logik* von Hermann Lotze (1817–1881) verwiesen werden, mit der Heidegger vertraut war:

„Durch die Formel A = A drücken wir dies erste Denkgesetz, den Grundsatz oder das *Princip der Identität* bejahend aus; die verneinende Formel A nicht = Non A bezeichnet es als *Princip des Widerspruchs* gegen jeden Versuch, A = B zu setzen."[427]

Zu den Grundsätzen des Denkens rechnet man, wie Heidegger im ersten Vortrag der Vortragsreihe ‚Grundsätze des Denkens'[428] ausführt, neben dem „Satz der Identität" noch den „Satz des Widerspruches" und den „Satz vom ausgeschlossenen Dritten". Deren Formeln „spielen auf eine seltsame Weise ineinander".[429] So wird der Satz des Widerspruches als die negative Form des positiven Satzes der Identität vorgestellt (wie z. B. bei Lotze). Umgekehrt gilt aber auch der Satz der Identität „als die noch unentfaltete Form des Satzes vom Widerspruch".[430] Es können im

[423] Heidegger *GA* 66: 409–428, 421; vgl. auch *GA* 65: 167, 169, 176.
[424] Vgl. auch Emad (1999).
[425] Heidegger *GA* 11: 83.
[426] Heidegger *GA* 11: 33.
[427] Lotze (1928): § 54, 76.
[428] Heidegger *GA* 11: 125–140, 127; unbearbeitete Fassung in: *GA* 79: 81–96, 81.
[429] Heidegger *GA* 11: 127.
[430] Heidegger *GA* 11: 127.

vorliegenden Beitrag nur wenige Hinweise gegeben werden.[431] In der älteren Logik (bis zur Zeit von Leibniz und Wolff) wurde der Satz des Widerspruches als das maßgebliche logische Prinzip betrachtet und zusammen mit dem Satz vom ausgeschlossenen Dritten an die Spitze der Logik gestellt. Als dann das Identitätsprinzip zusehends an Ansehen gewinnt, wird es vor allem zur Streitfrage, in welchem Verhältnis der Satz der Identität zu dem des Widerspruches steht und welchem Prinzip der Vorrang gebührt.[432] Für Leibniz liegt das Wesen der Wahrheit (als Urteils-Wahrheit) überhaupt in der *Identität* von Subjekt und Prädikat, wobei aber für den endlichen Verstand des Menschen nicht alle Wahrheiten auf Identitäten zurückgeführt bzw. in Identitäten aufgelöst werden können. Bei Christian Wolff und Alexander Gottlieb Baumgarten verliert das Prinzip der Identität die ihm von Leibniz zugeschriebene Eigenständigkeit. Das *principium identitatis* ist nach Wolff im *principium contradictionis* – als der „Quelle aller Gewissheit" („fontem omnis certitudinis") – enthalten und daraus ableitbar.[433] In der gesamten Schul-Logik von der Zeit Wolffs an tritt zwar der Primat des *Satzes* der Identität (in der „A = A"- bzw. „A ist A"-Symbolik) deutlich hervor, was aber dazu führt, „daß die eigentliche Erörterung der Identität selbst unterbleibt oder aber nur verklausuliert auftritt."[434]

Wie das im Identitätsvortrag genannte Beispiel für eine Tautologie („die Pflanze ist Pflanze"[435]) verdeutlicht, hat Heidegger aber schon bei dieser ersten Nennung des „Satzes der Identität" vor allem *Hegel* im Auge, den er erst später ausdrücklich nennt. Der Vortrag beginnt also mit einem Zwiegespräch mit Hegel. In dessen *Wissenschaft der Logik* heißt es in einer Anmerkung (2) zum *Satz* der Identität:

„Ich werde in dieser Anmerkung die Identität als *den Satz der Identität* näher betrachten, der als das *erste Denkgesetz* aufgeführt zu werden pflegt.

Dieser Satz in seinem positiven Ausdrucke *A = A* ist zunächst nichts weiter als der Ausdruck der leeren *Tautologie.*"[436]

Im nächsten Schritt grenzt Heidegger „die Gleichheit von A und A", also die Gleichheit von einem mit einem anderen,[437] von der Identität im Sinne der Selbig-

---

[431] Vgl. dazu Göldel (1935).

[432] Vgl. Göldel (1935): 369–373.

[433] Vgl. Wolff (2005): § 55, 126, vgl. auch Einleitung, XVII ff., bes. XX; vgl. dazu Heidegger *GA* 91: 342–346, 346.

[434] Göldel (1935): 356.

[435] Heidegger *GA* 11: 33.

[436] Hegel (1969–1979) 6: 41. Das Beispiel *„eine Pflanze – ist eine Pflanze"* und den Satz des Widerspruchs als „negative Form" des Satzes der Identität nennt Hegel ebenfalls in dieser Anmerkung 2 (Hegel (1969–1979) 6: 43 und 45). Zu Hegel vgl. Schalow (1995).

[437] Eine klassische Definition von ταὐτόν (Identität im Sinne der Koinzidenz, des Zur-Deckung-Kommens) gibt Aristoteles im siebenten Buch der *Topik*: „alles, was von dem einen entschieden ausgesagt wird, muß auch von dem anderen genauso entschieden ausgesagt werden, und wovon das eine ausgesagt wird, davon muß auch das andere ausgesagt werden." (ὅσα γὰρ θατέρου κατηγορεῖται, καὶ

keit (lateinisch idem, griechisch τὸ αὐτό) ab. Die Identität der Tauto-logie „bedarf nicht ihrer zwei wie bei der Gleichheit".[438] Das zweite Buch von Hegels *Logik*, ‚Die Lehre vom Wesen', hat als „der schwierigste Teil der *Logik*" mehrfache Umstrukturierungen erfahren.[439] Die Reflexionsbestimmungen, zu denen die „Identität" gehört, hat Hegel in seinem Jenaer Systementwurf (1804/05) nicht der „Logik", sondern der „Metaphysik" zugeordnet. Er behandelt dort unter dem Titel ‚Das Erkennen als System von Grundsätzen' den ‚Satz der Identität oder des Widerspruchs' (A), den ‚Grundsatz der Ausschließung eines dritten' (B) und den ‚Satz des Grundes' (C). Hegel führt hier näher aus, dass die „absolute Sichselbstgleichheit" nicht „zwey A ausdrückt" wie im Urteil, nämlich „beyde A *sollen* nicht nur gleich seyn; es ist nicht A = B; B soll auch ein A seyn. Sondern A = A; es ist dasselbe A, das auf beyden Seiten ist; sie haben nicht durch die Stellung, wie im Urtheil, eine Ungleichheit; […]."[440]

Der folgende Schritt geht (in einer formalen Entsprechung zum Vorgehen Hegels[441]) erstmals von der Formel „A = A" zu dem Satz „A ist A" über. Die geläufige Formel (A = A) für den Satz der Identität, die von Gleichheit spricht, „verdeckt somit gerade das, was der Satz sagen möchte: A ist A, d. h. jedes A ist selber dasselbe."[442]

In einem großen Schritt zurück in der Geschichte des abendländisch-europäischen Denkens erfolgt nun eine weitere Explikation des Satzes: „Jedes A ist selber dasselbe." Heidegger nennt ein Wort aus Platons Dialog *Sophistes* (254 d 14 f.), das auf ein noch älteres, nämlich den noch eingehender erörterten Satz oder Spruch des Parmenides (Frgm. B 3), zurückweist: οὐκοῦν αὐτῶν ἕκαστον τοῖν μὲν δυοῖν ἕτερόν ἐστιν, αὐτὸ δ'ἑαυτῷ ταὐτόν. „Nun ist doch von ihnen jedes den beiden (anderen) zwar ein anderes, selber jedoch ihm selbst dasselbe."[443] Von den in beiden Handexemplaren Heideggers vorgenommenen Änderungen wird die angegebene Übersetzung übernommen, da hier die Parallelität von „den beiden (anderen)" und „ihm selbst" (Dativ) deutlich zum Ausdruck kommt.[444] Wie er bereits in § 77 seiner

---

θατέρου κατηγορεῖσθαι δεῖ, καὶ ὧν θάτερον κατηγορεῖται, καὶ θάτερον κατηγορεῖσθαι δεῖ.) (Aristoteles (1997): 364 f. (*Top.* H 2, 152 b 27–29)).

[438] Heidegger *GA* 11: 33.

[439] Jaeschke (2016): 217–222, 217, vgl. 152–156.

[440] Hegel (1971): 128–138, 130.

[441] Vgl. Hegel (1969–1979) 6: 41 ff.

[442] Heidegger *GA* 11: 33.

[443] Heidegger *GA* 11: 34, Anm. (3).

[444] Friedrich Schleiermacher übersetzt richtig: „Deren [der *drei* (Gattungen)!] doch jedes verschieden ist von den andern beiden, mit sich selbst aber dasselbige?" (Nachdruck der Übersetzung Schleiermachers in: Platon (1990a) VI: 219–401, 353. Wie der Herausgeber in seinem Nachwort darlegt, hat „Heidegger aus Gründen der Vereinfachung für den Zweck seines Vortrags seine Übersetzung nur auf zwei Gattungen (Ruhe und Bewegung) abgestimmt" (Heidegger *GA* 11: 163–167, 166). Die von Platon noch genannte Gattung, das Seiende (ὄν), bleibt unerwähnt (vgl. Heidegger *GA* 11: 33).

Sophistes-Vorlesung vom Wintersemester 1924/25 unter Verweis auf die Stelle 255 d 1 des Dialogs ausführt, ist das Anders (ἕτερον) immer nur möglich im Charakter des Anders-als, des πρός τι.[445]

Im Falle der Selbigkeit verweist die Vermittelung (im obigen Zitat der reflexive Dativ ἑαυτῷ) auf sich selbst zurück: „jedes etwas selber ist ihm selbst zurückgegeben, jedes selber ist dasselbe – nämlich für es selbst mit ihm selbst."[446] Die vermittelnde Beziehung wird bei Platon (und ebenso bei Aristoteles) in ihrer „primären Stellung"[447] aber weder gesehen noch entfaltet. Bei Platon spricht „das Identische"[448], nicht aber die Identität. Es bedarf daher noch eines weiteren Rückgangs in der Geschichte des abendländischen Denkens: zu *Parmenides*.

In einem weiteren Schritt geht Heidegger von der „gemäßeren" oder „verbesserten" Formel für den Satz der Identität, „A ist A", zu dem über, was der Satz uns sagt, „wenn wir sorgsam auf seinen Grundton hören, ihm nachsinnen": „Eigentlich lautet sie [die Formel]: A *ist* A."[449] („Hören" ist bezogen auf das im nächsten Absatz eingeführte Sprechen des „Anspruchs".) In diesem *„ist"* spricht der Satz der Identität vom Sein des Seienden. Daraus folgt: „Als ein Gesetz des Denkens gilt der Satz nur, insofern er ein Gesetz des Seins ist, das lautet: Zu jedem Seienden als solchem gehört die Identität, die Einheit mit ihm selbst."[450] *Denken* und *Sein*, deren ursprüngliches „Zusammengehören" dann im Zwiegespräch mit Parmenides entfaltet wird, werden hier erstmals zusammen genannt.

Mit dem Übergang von „A ist A" zu „A *ist* A" wird nun der zuvor schon angesprochene Charakter der Einheit auf das Sein des Seienden bezogen: „Die in der Identität waltende ‚Einheit' (das einigende Eine) bildet einen Grundzug im Sein des Seienden."[451] Es heißt hier bewusst „einen Grundzug" und nicht *den* Grundzug. Beispielsweise werden in dem bereits angesprochenen platonischen Dialog *Sophistes* fünf eigenständige Seinsbestimmungen (πέντε μέγιστα γένη bzw. πέντε εἴδη, vgl. 254 e ff.) herausgestellt, nämlich Bewegung (κίνησις) – Ruhe (στάσις) – Sein (ὄν) – Selbigkeit (ταὐτόν) – Andersheit (ἕτερον).[452]

Bei Parmenides und Plotin (oder später in der Leibniz'schen Monadenlehre) ist allerdings die Einheit (ἕν, μονάς) die zentrale Seinsbestimmung. Die Anmerkung

---

445 Heidegger *GA* 19: 544 f.
446 Heidegger *GA* 11: 34.
447 Heidegger *GA* 19: 545.
448 Heidegger *GA* 11: 33.
449 Heidegger *GA* 11: 35.
450 Heidegger *GA* 11: 35.
451 Heidegger *GA* 11: 35, Anm. (10) (Hier zitiert nach dem verbesserten Text aus Heideggers Handexemplar).
452 Die „Herausstellung ihrer Eigenständigkeit" erörtert Heidegger in § 77 b) der *Sophistes*-Vorlesung (Heidegger *GA* 19: 536–548). Wie er in dem Text ‚Ein Rückblick auf den Weg' (1973/38) festhält, enthält die Auslegung des *Sophistes* auch in der ursprünglicheren (ereignisgeschichtlichen) Fragebahn noch „einiges Brauchbare" (Heidegger *GA* 66: 409–428, 421 f.).

(aus Heideggers Handexemplar) „ὄν – ἕν [und darunter] Ἓν πάντα“[453] zu dem oben zitierten Satz verweist auf Parmenides und Heraklit. Im fünften Vortrag der Vortragsreihe heißt es nämlich, nachdem zuvor das Ἕν, „die einfach einigende einzige Einheit“ (Parmenides), und der λόγος (Heraklit) eingeführt wurden: „Das Eine-Alles Einende und der λόγος als Versammlung im Sinne des Ἓν Πάντα gehören aus unscheinbarem Einklang in das Selbe.“[454] „Das Selbe“ ist auch hier nicht als Gleichheit (bloßes Einerlei) zu verstehen.[455]

Was wurde erreicht? Mit dem schrittweisen Übergang von der Formel „A = A“ zu dem Satz „A ist A“ und schließlich zu „A *ist* A“ zeigt sich, dass das *Denk*gesetz der Identität, wenn es mehr ist als nur ein formales oder abstraktes, vom *Sein* des Seienden spricht. Damit ist aber zugleich die Identität, wie es explizit bei Hegel heißt, „*mehr* als die einfache, abstrakte Identität“.[456] Es stellt sich die Frage, „was Identität heißt und wohin sie gehört“.[457] Was Identität heißt, setzt der Satz der Identität immer schon voraus: „Über das Wesen der Identität gibt der Satz der Identität keine Auskunft.“[458] Der Frage, was Identität eigentlich heißt, wird im Ausgang vom griechischen Wort τὸ αὐτό (das Selbe) und Platon nachgegangen. Die bei Platon anklingende, aber unentfaltet gebliebene Ver-mitte-lung findet in der Geschich-

[453] Heidegger *GA* 11: 35, Anm. (11).

[454] Heidegger *GA* 79: 153–176, 155.

[455] Die Worte Selbigkeit (das Selbe) (in Abgrenzung zur Identität) und Differenz im Denken und Sprechen Heideggers untersucht David A. White in einem Aufsatz. White verweist abschließend darauf, dass die komplexe Struktur von Selbigkeit und Differenz in Heideggers späterem Denken nicht isoliert betrachtet werden darf, sondern in das Ereignis mit eingeht und mit dessen ebenso komplexer Struktur vom Zuhörer zu integrieren ist („to integrate that complex structure [of sameness and difference] with the equally complicated structure of appropriation [Ereignis]“) (White (1980): 123 (Ergänzungen in eckigen Klammern vom Verf.)) Er nennt in diesem Zusammenhang Heideggers Worte am Ende des Vortrags ‚Zeit und Sein‘ (1962): „Was bleibt zu sagen? Nur dies: Das Ereignis ereignet. Damit sagen wir vom Selben her auf das Selbe zu das Selbe.“ (Heidegger *GA* 14: 3–30, 29) Heideggers Formulierung ist selbst ein Beispiel für den im Identitätsvortrag angesprochenen „Vorzug“ der griechischen wie der deutschen Sprache, „das Identische mit demselben Wort, aber dies in einer Fuge seiner verschiedenen Gestalten zu verdeutlichen“ (Heidegger *GA* 11: 34). Für das Griechische kann neben dem oben genannten Beispiel aus dem platonischen *Sophistes* (254 d 14 f.) auch gerade auf den Vers 29 des Fragments B 8 des parmenideischen Lehrgedichts verwiesen werden: ταὐτόν τ᾽ ἐν ταὐτῷ τε μένον καθ᾽ ἑαυτό τε κεῖται. In dem von Heidegger überprüften Protokoll zu dem Seminar in Zähringen 1973 wird folgende Übersetzung gegeben: „Selbes im Selben wohnend liegt in ihm selbst.“ (Heidegger *GA* 15: 372–400, 398) Im „Nachtrag“ gibt Heidegger eine etwas anders lautende Übersetzung: „selbig und im selbig verweilend und in ihm selbst es ruht“ (Heidegger *GA* 15: 401–407, 405). Der Vers „sagt die vollkommene Tautologie in ihr selbst“, das, „was die Dialektik nur verschleiern kann“ (Heidegger *GA* 15: 398 und 400). In einem Aufsatz von Kenneth Maly zu Parmenides (Maly (1985: 14) wird gerade dieses Fragment zur Erläuterung das griechischen Wortes αὐτός herangezogen.

[456] Hegel (1969–1979) 6: 44.

[457] Heidegger *GA* 11: 35.

[458] Heidegger *GA* 79: 115–129, 127 (‚Der Satz der Identität‘, Typoskript; vgl. das Nachwort der Herausgeberin, 176–181, 179).

te der abendländischen Metaphysik jedenfalls den „höchsten Gipfel"[459] in Hegels *Wissenschaft der Logik*. Das nun folgende Zwiegespräch mit Parmenides ist dann eigentlich die Beantwortung der Frage, wohin die Identität, die Selbigkeit „gehört", d. h. wohin sie ursprünglich (anfänglich) gehört.

Gegenüber Hegel und Berkeley (vgl. oben § 9 c) steht das Denken (νοεῖν) im Spruch des Parmenides (Frgm. B 3) an erster Stelle: τὸ γὰρ αὐτὸ νοεῖν ἐστίν τε καὶ εἶναι. „Beide [νοεῖν und εἶναι] gehören zusammen, nämlich so, daß das zuerst genannte νοεῖν sein Wesen darin hat, in das Anwesen von Anwesendem eingewiesen zu bleiben."[460] Diesem ursprünglicher erfahrenen und gedachten Zusammengehören von Denken und Sein geht der Vortrag ‚Der Satz der Identität' nochmals vertiefend nach, denn: „Das Wiederholen des Selben in das jedesmal Anfänglichere gehört zur Kunst des Denkens."[461]

b) Das Zusammen*gehören* von Vernehmen (Mensch) und Sein – Zwiegespräch mit Parmenides (Fragment B 3)

In einer Randbemerkung zum Identitätsvortrag verweist Heidegger auf „die verschiedenen Übersetzungen, d. h. Auslegungen dieses Satzes"[462]. Vor allem dank Simplicius sind verhältnismäßig ausführliche Bruchstücke des Lehrgedichts erhalten. Gerade das nicht von Simplicius, sondern von Clemens von Alexandria (um 140/150 bis um 215 n. Chr.) und Plotin (und in leicht entstellter Form von Proklos) überlieferte kurze Fragment B 3 ist offen sowohl hinsichtlich der Möglichkeit der Übersetzung und Auslegung als auch hinsichtlich der zu ermittelnden Stelle in der Fragmentordnung.[463]

Heidegger geht von der u. a. noch von Ernst Heitsch und Jürgen Wiesner vertretenen ‚traditionellen' Übersetzung des Fragments B 3 aus:[464]

> … τὸ γὰρ αὐτὸ νοεῖν ἐστίν τε καὶ εἶναι.
>
> „Das Selbe nämlich ist Vernehmen (Denken) sowohl als auch Sein."[465]

---

[459] Heidegger *GA* 79: 130–152, 150 (IV. Vortrag); vgl. Neumann (2009a): 167–169.
[460] Heidegger *GA* 8: 245; vgl. auch Heidegger *GA* 86: 756, 760 f.
[461] Heidegger *GA* 79: 136.
[462] Heidegger *GA* 11: 36, Anm. (14).
[463] Zur Textgeschichte vgl. Cordero (1987).
[464] Parmenides (1995): 16 f.; Wiesner (1996): 139–162, vgl. 252 (Text und Übersetzung). Zur Rehabilitierung der ‚traditionellen' Übersetzung vgl. auch Günther (1997).
[465] Heidegger *GA* 11: 36.

Eine Abweichung von der traditionellen Übersetzung besteht allerdings darin, dass das „Rätselwort"[466] τὸ αὐτό nicht prädikativ, sondern in der Großschreibung (Das Selbe ... ist ...) als Subjekt aufgefasst wird. Hierauf wurde in § 9 d) bereits eingegangen. Wenn Heidegger nun ausführt, dass gegenüber der überlieferten Metaphysik bei Parmenides das Sein – mit dem Denken – „in die Identität"[467], „in das Selbe" gehört[468], dann geht er nun nicht nur über das bei Parmenides eigens Gesagte, sondern in gewisser Weise auch nochmals über seine frühere Auslegung von 1952 hinaus bzw. zurück in den Anfang.

Es ist in diesem Zusammenhang sicherlich der Interpretation Jochen Schlüters zuzustimmen, dass der Text ‚Moira' von 1952 „die nächste Vorstufe zu H[eidegger]s Auslegung des αὐτὸ in ID *[Identität und Differenz]*" ist, nicht aber der in seiner Zusammenfassung betonten Unterscheidung der beiden Texte hinsichtlich dessen, was im τὸ αὐτό (Frgm. B 3) „geschwiegen" ist, nämlich die Aletheia in ‚Moira', bzw. „nicht geschwiegen" ist, nämlich das Ereignis in *Identität und Differenz.*[469] Das *Er-eignis* bleibt nach Heideggers späterer Auslegung im Satz des Parmenides ebenso ungedacht, wie für ihn in ‚Moira' die Wahrheit (als „das entbergende Gewähren der Zusammengehörigkeit der Zwiefalt mit dem in dieser zum Vorschein kommenden Denken") im „Rätselwort τὸ αὐτό, das Selbe, schweigt".[470]

Ein anderer Wink, den wir dem Satz des Parmenides entnehmen können, ist die Konjunktion τε καί („so wie ... so auch"), wodurch im Griechischen eine „*innige* oder *notwendige* Verbindung mit einander" (hier von νοεῖν und εἶναι) zum Ausdruck gebracht wird.[471] Der durch τε καί angezeigten innigen Verbindung geht Heidegger schon in § 50 seiner Vorlesung *Einführung in die Metaphysik* vom Sommersemester 1935 nach: „Warum sagt *Parmenides* τε καί? Weil Sein und Denken [...] dasselbe sind *als* zusammengehörig."[472] Im Identitätsvortrag geht er mit der Betonung des τὸ αὐτό, der Selbigkeit (und diese als Zusammen*gehörigkeit*), noch darüber hinaus (oder besser: „zurück" – „in das anfänglicher zu-Denkende"[473]): „Denken und Sein gehören in das Selbe und aus diesem Selben zusammen."[474] Der im Folgenden erörterte Vorrang des *Gehörens* vor dem Zusammen deutet sich schon an.

[466] Heidegger *GA* 79: 127 (‚Der Satz der Identität', Typoskript).

[467] Der bestimmte Artikel ist aus der Verbesserung in Heideggers Handexemplaren übernommen (Heidegger *GA* 11: 36, Anm. (15), ((15))). Die Korrektur ist konsequent, insofern die Identität auf das als „Singulare tantum" (Heidegger *GA* 11: 45) gebrauchte Wort Ereignis vorausdeutet. Bei ausschließlich im Singular vorkommenden Substantiven wird der unbestimmte Artikel nicht verwendet.

[468] Heidegger *GA* 11: 36 f.

[469] Schlüter (1979): 188.

[470] Heidegger *GA* 7: 254.

[471] Kühner – Gerth (1976): § 522, 249.

[472] Heidegger *GA* 40: 147.

[473] Heidegger *GA* 7: 254.

[474] Heidegger *GA* 11: 36.

Der entscheidende weitere Schritt liegt nun in der durch die verschiedene Betonung angezeigten Unterscheidung von „*Zusammen*gehören" und „Zusammen*gehören*". Denken wir das *Zusammen*gehören nach der Gewohnheit, dann wird das Gehören von der Einheit des Zusammen her bestimmt. Man betont, in welcher Weise auch immer, dass die unterschiedenen Momente einer notwendigen Verknüpfung (nexus, connexio; thesis – synthesis; systema) des einen mit dem anderen unterliegen, „zugeordnet und eingeordnet in die Ordnung eines Zusammen, eingerichtet in die Einheit eines Mannigfaltigen, zusammengestellt zur Einheit des Systems"[475]. Betont man mit Heidegger das „Gehören", dann behält, wie Michael Steinmann ausführt, jedes Moment „seine Eigenständigkeit [d. h. sein Eigenwesen], auch wenn es in einer wesentlichen Beziehung auf das andere steht."[476] In ihrem wesenhaften Zusammen*gehören* bleiben die Momente gleichwohl in ihrem Eigenwesen unter-schieden.[477] In einer bloßen, gleichsam nachträglichen Verknüpfung bleiben wir dagegen „in den Versuch gebannt, das Zusammen von Mensch und Sein als eine Zuordnung vorzustellen und diese entweder vom Menschen her oder vom Sein aus einzurichten und zu erklären."[478] Wie es in einer Randbemerkung heißt, sind „[d]er Mensch – das Sein – wie zwei vorhandene für sich bestehende Dinge, die nachträglich zusammengestellt und in eine Zuordnung untergebracht werden sollen."[479] Die Identität ist vielmehr eine „vorgängige"[480], in die Mensch (Vernehmen) *und* Sein in ihrem „Zu-einander-Gehören"[481] immer schon verwiesen und eingewiesen sind.

Kurt Riezler geht in seiner Erläuterung des τὸ αὐτό im Satz (Frgm. B 3) des Parmenides von einem Fragment Heraklits (B 60 nach Diels – Kranz) aus. Auch wenn Riezlers Ausführung in gewissem Sinne noch dem überlieferten Denken und Sprechen verhaftet ist, kann sie doch helfen, einem neuen Verständnis den Weg zu bereiten:

„Das τὸ αὐτὸ besagt nicht die Identität eines gesetzten Einfachen mit sich selbst (A = A). In dem Satz des Heraklit: ὁδὸς ἄνω κάτω μία καὶ ὡυτή[482] stabilisiert das ὡυτή weder eine Identität der Wegrichtung nach oben mit der nach unten, noch die Identität etwa des Straßenstücks, das als ein und dieselbe materielle Vorhandenheit

[475] Heidegger *GA* 11: 37, vgl. 40, Anm. (34)

[476] Steinmann (2007): 55.

[477] „[W]as beide [Menschenwesen und Sein] be-stimmt", vermerkt Heidegger in einer Randbemerkung, „verbietet jedoch eine bloße Gegenstellung ebenso wie eine Vermischung." (Heidegger *GA* 11: 40, Anm. (33); vgl. auch Heidegger *GA* 7: 243 („das Wesen der Zusammengehörigkeit beider als verschiedener")) Zum „Eigenwesen" vgl. Koch (2007).

[478] Heidegger *GA* 11: 38 f.

[479] Heidegger *GA* 11: 39, Anm. (22), vgl. auch 40, Anm. (38).

[480] Günther (1997): 172.

[481] Heidegger *GA* 11: 39 f.

[482] „Der Weg hinauf und hinab [oder: hin und her] ist ein und derselbe." (Übersetzung nach: Vorsokratiker (2021): 248–289, 267 (Heraklit Nr. 58) (Einschub in eckigen Klammern vom Übersetzer)).

in der einen und der anderen Richtung begangen werden kann, sondern lediglich ein Verhältnis einer Einheit, in der mit dem ersten das zweite, mit dem zweiten das erste gesetzt und gegeben ist, beide also ineinander enthalten und untrennbar sind. Um dieses Verhältnis zu bezeichnen, reicht das μία nicht aus und wird durch καὶ ὡυτή verstärkt. Dieses Verhältnis geht über das der bloßen ‚Korrelation' hinaus. Die Korrelation [auch die von Noesis und Noema im Sinne Edmund Husserls[483]] setzt A und B als getrennte Leerstellen und verknüpft ihre Werte oder Inhalte in gegenseitiger Abhängigkeit. Die ‚Identität' der Gegensätze hebt die Trennung der Korrelate auch als Leerstellen auf: A und B sind auch als Leerstellen nur die eine in und mit der anderen setzbar."[484]

Das Er-eignis wird von Heidegger in diesem Vortrag zwar *als solches* genannt und aufgewiesen, aber doch zögerlich und zurückhalten. Der nächste Schritt ist noch nicht der „Sprung", von dem es in den *Beiträgen zur Philosophie* heißt, dass er „die Er-springung der Bereitschaft zur Zugehörigkeit in das Ereignis" ist.[485] Es wurde zwar schon das „Zusammen*gehören*" von Mensch *und* Sein in den Blick gebracht, unerörtert blieb aber, wie dabei *Mensch* und *Sein*, nämlich in ihrem *Wesen* zu bedenken sind. Zugleich klingt in der Bestimmung ihres Wesens auch schon das Zusammengehören an, wenn man es zu hören vermag. Umgekehrt ermöglicht es das im „Geleit"[486] durch den Satz des Parmenides explizierte Zusammen*gehören*, nun auch das Wesen von Mensch und Sein ursprünglicher (anfänglicher) zu denken.

Heidegger geht in dem öffentlichen Vortrag von den überlieferten Bestimmungen aus: „Nun besteht sogar die Möglichkeit, das Zusammengehören von Mensch und Sein schon in den überlieferten Bestimmungen ihres Wesens, wenngleich nur aus der Ferne zu erblicken."[487]

Die folgenden Ausführungen, in denen immer auch schon das Er-eignis mit anklingt,[488] sind sehr knapp und setzen eine gewisse Vertrautheit mit Heideggers Denken, zumindest von *Sein und Zeit*[489], voraus. Das vorweg in den Blick gebrachte „Zu-einander-Gehören" ermöglicht es dem Zuhörer oder Leser, den Bezug von Mensch (Da-sein) und Sein nun nicht mehr in der transzendental-horizontalen Blickbahn der Fundamentalontologie zu denken.[490] Wie wird bei Parmenides das Wesen von Mensch und Sein bestimmt? Eine *explizite* Wesensbestimmung des

[483] Vgl. Husserl (1976): §§ 87–135.
[484] Parmenides (2001): 60.
[485] Heidegger *GA* 65: 235.
[486] Heidegger *GA* 11: 47.
[487] Heidegger *GA* 11: 39.
[488] In Heideggers Handexemplaren wird das „Ereignis" in den Marginalien ausdrücklich genannt (Heidegger *GA* 11: 39 f., Anm. (30) und Anm. ((36))).
[489] Vgl. Heidegger *GA* 11: 39, Anm. (31).
[490] Zum transzendental-horizontalen Weg der Seinsfrage vgl. Herrmann (2019), 33–75.

Menschen wird bei Parmenides (wie bei den anderen Vorsokratikern) nicht gegeben. Wie vor allem Jaap Mansfeld überzeugend darlegt, sind die im Fragment B 6 des Parmenides gegebenen Charakterisierungen der Menschen, der „Sterblichen" (βροτοί), der „Zweiköpfe" (δίκρανοι), dann in der frühen Dichtung üblich, wenn *das menschliche Wesen überhaupt* vom göttlichen unterschieden werden soll.[491]

Der Bezugspunkt der Sterblichen ist die höhere, die göttliche Wahrheit. In seiner Vorlesung vom Sommersemester 1935 bringt Heidegger die (erst)anfängliche Eröffnung des Wesens des Menschseins bei Parmenides und Heraklit gegenüber der am Ende (dieses Anfangs) gegebenen Definition[492] („ἄνθρωπος = ζῷον λόγον ἔχον: der Mensch, das Lebewesen, das die Vernunft als Ausstattung hat") in der von ihm frei gebildeten Formel zum Ausdruck: „φύσις = λόγος ἄνθρωπον ἔχων: das Sein, das überwältigende Erscheinen, ernötigt die Sammlung, die das Menschsein (acc.) innehat und gründet."[493] Das römische *animal rationale* ist bereits eine Umdeutung des griechischen ζῷον λόγον ἔχον.[494] Gegenüber „dem animal rationale, das in der Neuzeit zum Subjekt für seine Objekte geworden ist"[495] und in der Moderne philosophisch-anthropologisch oder wissenschaftlich-biologisch (bzw. psychologisch) ausgelegt wird, ist für Heidegger in der frühen griechischen Bestimmung das Wesen des Menschen noch weniger fern und verdeckt.

Worin beruht das Auszeichnende des Menschen gegenüber dem Stein, dem Baum, dem Adler[496], die Heidegger als Beispiele für die unbelebte und belebte Natur nennt? Das dem Menschen eigene „Offensein" (im Unterschied zu „Stein" und „Tier") hat Heidegger in seiner wichtigen Vorlesung *Die Grundbegriffe der Metaphysik* vom Wintersemester 1929/30 ausführlich dargelegt.[497] Er greift diese Frage nun in der entfalteten seinsgeschichtlichen Blickbahn wieder auf:[498] „Aber das Auszeichnende des Menschen beruht darin, daß er als das denkende Wesen, offen dem Sein, vor dieses gebracht und zu Zeiten gestellt ist, auf das Sein bezogen bleibt und ihm so entspricht."[499]

---

[491] Mansfeld (1964): 3–41.
[492] Aristoteles (1978): 84 f. (*Politica* A, 1253 a 9 ff.).
[493] Heidegger *GA* 40: 184.
[494] Vgl. Heidegger *GA* 9: 322 f.; *GA* 54: 96 ff., 231 f. Der „Leitfaden" der christlich-theologischen Wesensbestimmung des Menschen, die das griechische ζῷον λόγον ἔχον in sich aufnimmt, ist für Heidegger die Bibelstelle Genesis 1,26 (vgl. Heidegger *GA* 63: 22–29; *GA* 64: 96 f.; *GA* 2: 65 f.).
[495] Heidegger *GA* 11: 41.
[496] Heidegger *GA* 11: 39.
[497] Heidegger *GA* 29/30: bes. § 73.
[498] Vgl. auch Heideggers Selbstkritik in den *Beiträgen zur Philosophie* (Heidegger *GA* 65: 274, 276 f.).
[499] Heidegger *GA* 11: 39, zitiert mit Anm. (26). Die Formulierung „gestellt" deutet voraus auf das „Ge-Stell" als das Wesen der neuzeitlichen Technik, worauf hier nicht weiter eingegangen werden kann (vgl. insbes. Heidegger *GA* 11: 44 f., 99 f.). Es sei hier u. a. auf die folgenden Sammelbände verwiesen: Cesarone [u. a.] (Hg.) (2015); Seubert – Neugebauer – Massa (Hg.) (2021).

Dieser Zwischenschritt ist wichtig, weil hier in dem Vortrag erstmals die Lichtung (Wahrheit als Un-verborgenheit) des Seins eingeführt wird.[500] Die Wesensbestimmung des Seins hängt damit zusammen.

Heidegger geht von der überlieferten Wesensbestimmung des Seins als „Anwesen" aus, die auf den griechischen Seinsbegriff (παρουσία, denn οὐσία ist bereits eine Verkürzung) zurückgeht. Ein Hinweis darauf, dass *An-* (παρ-) bzw. *Ab-* (ἀπ-) im griechischen Seinsbegriff „immer mitzudenken ist"[501], findet sich auch bei Parmenides in Fragment B 4 (vgl. oben § 9 e).

Auf die Auslegung und Übersetzung von Fragment B 3 und der Begriffe νοεῖν und εἶναι wurde bereits eingegangen (vgl. § 9 d). In einem erhaltenen Typoskript Heideggers mit dem Titel „Der Spruch des Parmenides" (verfasst vor Juni 1940) verweist Heidegger ausdrücklich darauf, dass das Vernehmen, νοεῖν, keinesfalls im Sinne „der bloßen ‚Passivität'" gedeutet werden darf. Er greift hier den (aus der Jägersprache stammenden) Begriff „Wittern", „Witterung" für die eigentliche Bedeutung des griechischen νοεῖν auf:

„Das νοεῖν im Sinne des Hin-nehmens könnte man leicht verkehren zu der bloßen ‚Passivität' in der Bedeutung von Über-sich-ergehen-lassen; das griechische νόος – νοῦς – νοεῖν bedeutet jedoch im Gegenteil das, was wir ‚Wittern', ‚Witterung' nennen – das *Vor-* und Auslangen – Ausgreifen – das Ausspüren und im vorhinein Er-spüren; also der Bezug zu einem *noch Fernen* (– zugleich aber Nahenden im Aufgang) – was scheinbar (nach dem gewöhnlichen Augenschein) noch nicht ‚da ist'."[502]

Gleichwohl hat das νοεῖν, wenn man von der üblichen Unterscheidung ‚aktiv – passiv' ausgeht, einen eher intuitiv-rezeptiven Charakter. Es zeigt sich auch bei Parmenides eine gewisse Anlehnung an das Modell der sinnlichen Wahrnehmung für νόος und νοεῖν.[503] Eine klassische Beschreibung des Wahrnehmungsmodells für das *νοεῖν* gibt Aristoteles im dritten Buch seiner Schrift *Über die Seele.*[504] Wichtig für den vorliegenden Zusammenhang ist vor allem der *aufdeckende* Charakter des νοεῖν. Es ist δεκτικὸν δὲ τοῦ εἴδους[505], wie Hans-Georg Gadamer übersetzt und

---

500 Eine eingehende Untersuchung des „seinsgeschichtlichen Bereichs" von ἀλήθεια und λήθη im Ausgang vom Proömium (Fragment B 1) des parmenideischen Lehrgedichts (Ἀλήθεια als „die Göttin ‚Wahrheit'") gibt Heidegger in der Einleitung und im ersten Teil seiner *Parmenides*-Vorlesung vom Wintersemester 1942/43 (Heidegger *GA* 54: §§ 1–7). Zu dieser Vorlesung vgl. Frings (1988); Frings (1991).

501 Heidegger *GA* 8: 240; vgl. *GA* 31: 60 f.

502 Heidegger *GA* 80.2, 791–797, 793 mit Anm. 11 (1. Ergänzung in Klammern); vgl. auch *GA* 80.2, 799–815, 805 (Vortrag). Später bevorzugt Heidegger das Wort „Ahnen": „Das menschliche Wittern ist das Ahnen." (Heidegger *GA* 8: 210).

503 Vgl. Wiesner (1987): 43–46; Fritz (1943/1945/1946): bes. 265 ff.

504 Aristoteles (1995): 164–167 (*De anima* Γ 4, 429 a 13 ff.).

505 Aristoteles (1995): 166 f. (*De anima* 429 a 15 f.).

erläutert, „‚im Sein aufgehen', nichts für sich zu sein als nur die Offenheit für das, was ist."[506]

Wie ist das Anwesen anfänglicher zu denken? In dem Vortrag ‚Der Satz der Identität' liegt in dem Wort „An-wesen" (wie in dem Wort „Anspruch") eine gewisse Betonung auf dem Präfix *An-*. Das *An*-wesen ist bezogen auf die zuvor angesprochene Offenheit im Vernehmen des Menschen.[507] Das in dieser Weise gedachte An-wesen ist ein Wink, den „Be-Zug"[508] von Mensch und Sein anfänglicher zu erfahren und zu denken:

„Denn erst der Mensch, offen für das Sein, läßt dieses als Anwesen ankommen. Solches An-wesen braucht (bedarf und verlangt) das Offene einer Lichtung und bleibt so durch dieses Brauchen dem Menschenwesen *übereignet*."[509]

Das Wort „Brauchen" (wie das Wort „übereignet") verweist auf die *Beiträge zur Philosophie (Vom Ereignis)*. In dem zur Fügung „Der Sprung" gehörenden 133. Abschnitt mit dem Titel „Das Wesen des Seyns" heißt es: „*Dieser Gegenschwung des Brauchens und Zugehörens* macht das Seyn als Ereignis aus, [...]."[510] Ferner (oder vermutlich sogar ursprünglich) deutet das „Brauchen" auf das Χρή – „Es brauchet ..."[511] – des Parmenides (Frgm. B 6, 1) hin. Da an dieser Stelle des Vortrags wohl dem „Sprung" noch nicht vorgegriffen werden soll, vermerkt Heidegger in einer selbstkritischen Randbemerkung: „*noch nicht* von ‚eignen' sprechen – zu voreilig. | gleichsam überantwortet."[512] Der Begriff „Überantwortung" ist aus *Sein und Zeit* (§ 29) bekannt: „Der Ausdruck Geworfenheit soll die *Faktizität der Überantwortung* andeuten."[513] Durch das „Geleit"[514] der zuvor gegebenen Auslegung des Satzes des Parmenides ist es möglich und nachvollziehbar, die Überantwortung nun nicht mehr in der transzendental-horizontalen Blickbahn der Fundamentalontologie, sondern in der schon anklingenden Bezugsstruktur des Ereignisses zu denken, ohne dieses schon eigens als solches zu nennen. Es ist, wie es in den *Beiträgen* heißt, „[s]olche zuwerfende Überantwortung, der die Geworfenheit entspringt".[515]

Im nun folgenden Schritt, dem „Sprung", wird zwar noch nicht das Ereignis als solches genannt und eingeführt, aber es ist schon vom „Bereich dieser Übereignung" von Mensch und Sein[516] die Rede. Der Sprung ist zugleich „Absprung" und

---

[506] Gadamer (1991): 3–31, 28 f.

[507] Vgl. Neumann (2009b).

[508] Heidegger *GA* 11: 40, Anm. (33).

[509] Heidegger *GA* 11: 40, mit Anm. (32) (in Klammern gesetzt); vgl. auch *GA* 12: 227–257, 229, Anm. c.

[510] Heidegger *GA* 65: 251; zur „Über-eignung" vgl. *GA* 65: 317, 320.

[511] Heidegger *GA* 8: 185 ff., bes. 191 f., 195 f.

[512] Heidegger *GA* 11: 40, Anm. (33).

[513] Heidegger *GA* 2: 180.

[514] Heidegger *GA* 11: 47.

[515] Heidegger *GA* 65: 488, vgl. 239, 304; vgl. auch *GA* 11: 40, Anm. (33).

[516] Heidegger *GA* 11: 41 f.

„Einkehr". Er lässt und wirft, wie es im ersten Abschnitt der dritten Fügung in den *Beiträgen zur Philosophie* heißt, „alles Geläufige hinter sich und erwartet nichts unmittelbar vom Seienden, sondern erspringt allem zuvor die Zugehörigkeit zum Seyn in dessen voller Wesung als Ereignis."[517] Der Absprung springt „weg aus der geläufigen Vorstellung vom Menschen als dem animal rationale" und er springt zugleich weg vom Sein, das „seit der Frühzeit des abendländischen Denkens als der Grund ausgelegt [wird], worin jedes Seiende als Seiendes gründet."[518] Wie Heidegger in seinem Vortrag „Die onto-theo-logische Verfassung der Metaphysik" (1956/57) ausführt, ist das Sein (Seiendste) als der Eine einende Grund zwiefältig: das Allgemeinste (κοινότατον) und das Höchste (τιμιώτατον – summum ens, causa prima, causa sui).[519]

In einer Beilage heißt es einschränkend, dass der Identitätsvortrag „noch nicht frei aus dem Ereignis gesagt [ist], obzwar das zu Sagende und die Weise des Erfahrens erkannt sind."[520] Auch die *Beiträge zur Philosophie* sind „noch nicht die freie Fuge der Wahrheit des Seyns", sondern bahnen erst „den *Übergang* zum anderen Anfang".[521] Als *öffentliche* Darstellung hat der Identitätsvortrag zudem Rücksicht auf des geläufige metaphysische Denken und Sprechen zu nehmen. Entsprechend heißt es in einer anderen wichtigen Beilage zum Identitätsvortrag:

„Wie alle öffentlichen Darstellungen nimmt auch er die Rücksicht auf das geläufige metaphysische Vorstellen.

Das versuchte Denken bleibt im *Übergang* von der Metaphysik her in das Entsagen bestimmt.

So kommt es nicht zur Wagnis aus der Jähe – d. h. zum Erwachen aus der Vergessenheit als dem Entwachen in das Ereignis des Ge-Vierts."[522]

Die hier angesprochene „Vergessenheit" ist die griechisch gedachte Λήθη, die – wie Heidegger einmal in Anspielung auf das Proömium (Frgm. B 1, 29) des parmenideischen Lehrgedichts sagt – zur Ἀ-Λήθεια (Un-Verborgenheit) gehört als „das Herz der Ἀλήθεια".[523] Das „Herz" ist jenes, was alles durchpulst, durchdringt und durchstimmt.

Vor allem in den Beilagen I zum Identitätsvortrag ist aber auch eine Kritik formuliert, die mit der zuvor angesprochenen Problematik der Verwindung des metaphysisch-vorstellenden Denkens und Sprechens zusammenhängt, aber „*die Anlage* des Vortrags" betrifft.[524] So steht auf dem Umschlag der Beilagen I: „Schon der

[517] Heidegger *GA* 65: 227.
[518] Heidegger *GA* 11: 41.
[519] Heidegger *GA* 11: 51–79, 75 mit Anm. (117) ((117)) – (121) ((121)).
[520] Heidegger *GA* 11: 99.
[521] Heidegger *GA* 65: 4.
[522] Heidegger *GA* 11: 101.
[523] Heidegger *GA* 14: 67–90, 88; vgl. auch *GA* 15: 403–407, bes. 404; *GA* 54: 13; *GA* 99: 177.
[524] Heidegger *GA* 11: 91–97, 93.

Hinblick auf *‚Identität'* bringt alles ins notwendig *Schiefe*."[525] Zwar schließt die *Sache* des Denkens „die Rücksicht in die Überlieferung nicht aus", aber der Übergang vom „Satz der Identität" zum „Wesen von Sein" als „ein Geschick der Identität qua Ereignis" kann nur zu leicht als „bloße Umkehr der Art: Identität nicht eine Bestimmung des Seins[,] sondern Sein eine Bestimmtheit der Identität"[526] *missverstanden* werden.

In einem abschließenden Rückgang auf „den begangenen Weg"[527] wird das aufgewiesene Zusammen*gehören* von Vernehmen (Mensch) und Sein noch weiter (anfänglicher) als Zusammengehören*lassen* bestimmt. Hier heißt es nämlich, dass das Wesen der Identität „aus jenem Zusammengehörenlassen stammt, das wir das Ereignis nennen."[528] „Lassen" bedeutet hier vor allem *Geben, Reichen, Schicken* und ist grundlegend verschieden vom kausalen Charakter des Machens, des Bewirkens (facere, efficere).[529] Wie Heidegger im 173. Abschnitt der *Beiträge zur Philosophie (Vom Ereignis)* ausführt, kann man, was die Bedeutung des genannte *Lassens* betrifft, die sich er-eignende „Wesung des Seyns" auch als gleichsam „activ-transitiv" bezeichnen.[530] Dieses *Schicken* (und das im vorangehenden Absatz genannte „Geschick") steht sicherlich im Zusammenhang mit der bereist in § 9 erörterten *Moira* des Parmenides (Frgm. B 8, 37).

Die Einführung des Wortes *Ereignis* erfolgt am Ende des Weges, aber noch vor dem abschließenden Rückgang auf „den begangenen Weg":

„Das Zusammen*gehören* von Mensch und Sein in der Weise der wechselseitigen Herausforderung [im Ge-Stell] bringt uns bestürzend näher, daß und wie der Mensch dem Sein vereignet, das Sein aber dem Menschenwesen zugeeignet ist. [...] Es gilt, dieses Eignen, worin Mensch und Sein einander ge-eignet sind, schlicht zu erfahren, d. h. einzukehren in das, was wir das *Ereignis* nennen."[531]

Und an einer späteren Stelle heißt es: „Wohin hat der Weg geführt? Zur Einkehr unseres Denkens in jenes Einfache, das wir im strengen Wortsinne das Er-eignis nennen."[532]

---

[525] Heidegger *GA* 11: 91.
[526] Heidegger *GA* 11: 101.
[527] Heidegger *GA* 11: 47.
[528] Heidegger *GA* 11: 48.
[529] Vgl. Heidegger *GA* 14: 9 f., 18 ff., 45 f.; *GA* 15: 363; *GA* 11: 47, Anm. ((94)).
[530] Heidegger *GA* 65: 296.
[531] Heidegger *GA* 11: 45.
[532] Heidegger *GA* 11: 48.

c) Erläuterung des „Leitwortes“ Ereignis

Es kann nun abschließend die bekannte Textstelle zum „Leitwort“ Ereignis genannt und kurz erörtert werden:

„Es gilt, dieses Eignen, worin Mensch und Sein einander ge-eignet sind, schlicht zu erfahren, d. h. einzukehren in das, was wir das *Ereignis* nennen. Das Wort Ereignis ist der gewachsenen Sprache entnommen. Er-eignen heißt ursprünglich: er-äugen, d. h. erblicken, im Blicken zu sich rufen, an-eignen (in die Lichtung). Das Wort Ereignis soll jetzt, aus der gewiesenen Sache her gedacht, als Leitwort im Dienst des Denkens sprechen. Als so gedachtes Leitwort läßt es sich sowenig übersetzen wie das griechische Leitwort λόγος und das chinesische Tao. Das Wort Ereignis meint hier nicht mehr das, was wir sonst irgendein Geschehnis, ein Vorkommnis, eine Begebenheit nennen. Das Wort ist jetzt als Singulare tantum gebraucht. Was es nennt, ereignet sich nur in der Einzahl, nein, nicht einmal mehr in einer Zahl, sondern einzig.“[533]

Das Verb *ereignen* ist etymologisch nicht mit *eignen* oder *eigen* verwandt. Das Verb *eignen* (mittelhochdeutsch *eigenen*, althochdeutsch *eiganen*) bedeutet als Ableitung von *eigen* ‚(etwas) zu eigen machen‘, ‚besitzen‘, ‚(für sich) beanspruchen‘, ‚(sich) aneignen‘, ‚erwerben‘, wie es noch die neuhochdeutschen Präfixbildungen ‚zueignen‘, ‚enteignen‘, ‚aneignen‘ zeigen. Das Adjektiv *eigen* (althochdeutsch *eigan*, mittelniederdeutsch *ēgen*, altenglisch *āgen*) ist das früh verselbständigte Partizip Präteritum eines im Deutschen untergegangenen gemeingermanischen Präteritopräsens mit der Bedeutung ‚haben, besitzen‘. Das Verb *ereignen* ist dagegen eine Nebenform zum frühneuhochdeutschen *eräug(n)en* (mittelhochdeutsch *erougen*, *eröugen*, althochdeutsch *irougen*, zu althochdeutsch *ouga*, Auge) mit der Bedeutung ‚vor Augen stellen, zeigen‘ und hat nach anfangs transitivem und später reflexivem Gebrauch aus ‚(sich) zeigen‘ die heutige Bedeutung ‚geschehen, vorkommen, sich zutragen‘ entwickelt. Das Präfix *er-* (althochdeutsch auch *ur-*, *ar-*, *ir-*) ist eine abgeschwächte Form des Präfix *ur-* und bedeutet wie dieses eigentlich ‚aus, heraus‘, dann aber vornehmlich ‚das Geraten in einen Zustand‘, ‚ein Beginnen‘, ‚das Erzielen eines Resultats‘.[534]

Heidegger greift *beide* Wurzelbedeutungen (er-eignen und eigen/eignen) in gewisser Weise auf. Im Denken vollzieht sich ein an-eignendes Erblicken des sich lichtenden Seins, und insofern das Denken auf das Sein hört, dem Sein *gehört*, ist es diesem über-eignet. Auch der geschicklich-ereignishaft zu verstehende Geschehnischarakter klingt in gewisser Weise mit an. Im Sinne seiner alltagssprachlichen

[533] Heidegger *GA* 11: 45 mit Anm. (75) (hier in runde Klammern gesetzt); vgl. auch *GA* 12: 187, 253 mit Anm. b, 247 f. (Goethe); *GA* 102: 16.

[534] Vgl. die Stichworte ‚eigen‘, ‚eignen‘, ‚er-‘, ‚ereignen‘, ‚ur-‘, in: Pfeifer (2010): 266, 266 f., 292, 293, 1490.

Verwendung bezeichnet schließlich das Wort, wie Günter Figal erläutert, „das *Geschehen* der Zusammengehörigkeit von Denken und Sein; diese besteht nicht einfach, sondern ‚ereignet' sich je und je anders."[535]

Das Wort „Einzahl", lateinisch (numerus) singularis, ist auf das zuvor genannte „Singulare tantum" (Wort, das nur im Singular vorkommt) bezogen. Es ist aber überhaupt nicht mehr eine Zahl gemeint, sondern (nach der Verbesserung in einem Handexemplar) „das Einzige"[536]. Das Einzige bedarf nicht der Abhebung von Anderem, worin schon eine Zweiheit liegt. Die Zweiheit ist nach griechischem Verständnis der erste Zahlbegriff, da die μονάς, die Ein-heit (als Zahlprinzip), „nicht mehr selbst Zahl ist".[537] Eine solche Abhebung ist für Heidegger auch in der transzendental-horizontalen Blickbahn der Fundamentalontologie noch nicht ursprünglich verwunden. So heißt es in einer (späteren) Randbemerkung zu der Schrift ‚Vom Wesen des Grundes' (1929): „Diese Unterscheidung ‚ontisch-ontologische Wahrheit' ist nur eine Verdoppelung der Unverborgenheit und bleibt zunächst im Platonischen Ansatz stecken."[538]

d) Schlusswort

Noch in seinem letzten Seminar in Zähringen 1973 sagt Heidegger:

„Meines Erachtens kann die Einkehr in den Wesensbereich des Da-seins, von der am Schluß der letzten Sitzung gesprochen wurde, – jene Einkehr, die die Erfahrung der Inständigkeit in der Lichtung des Seins ermöglichen würde, – nur auf dem Umweg einer Rückkehr zum Anfang vollzogen werden.

Aber diese Rückkehr ist keine ‚Rückkehr zu Parmenides'. [...]

Die Rückkehr erfolgt im *Echo* des Parmenides. Sie geschieht als jenes Hören, das sich dem Wort des Parmenides von unserem heutigen Zeitalter aus öffnet, der Epoche der Schickung des Seins als Ge-stell."[539]

Wenn Heidegger an einer anderer Stelle ausführt, dass der Spruch des Parmenides (Frgm. B 3) „das Grundthema des gesamten abendländisch-europäischen Denkens" wird, und dessen Geschichte „im Grunde eine Folge von Variationen zu diesem einen Thema" ist, „auch dort, wo der Spruch des Parmenides nicht eigens genannt wird"[540], dann könnte Heidegger wohl auch sein eigenes erstanfängliches

---

[535] Figal (2007): 41.
[536] Heidegger *GA* 11: 45, Anm. (78).
[537] Heidegger *GA* 19: § 15, 121, vgl. 104.
[538] Heidegger *GA* 9: 123–175, 131, Anm. c.
[539] Heidegger *GA* 15: 372–400, 394.
[540] Heidegger *GA* 8: 246.

Denken – des Ereignis-Denken als geschichtliches Denken – hier einreihen. Ist das letzte Wort damit für ihn nun gesprochen? Heidegger war sich jedoch der Grenzen seines und jedes Denkens sehr wohl bewusst: „Philosophie wird ihre ‚Voraussetzungen' nie abstreiten wollen, aber auch nicht bloß zugeben dürfen."[541] In diesem Sinne hat auch der späte Heidegger (im Seminar in Le Thor 1968) in Bezug auf Hegel einmal gesagt: „Erst wenn man die Grenzen sieht, sieht man den großen Denker." Und, indem er sich zu den Anwesenden wandte, fügte er hinzu: „Wenn Sie meine Grenzen sehen, haben Sie mich verstanden. Ich kann sie nicht sehen."[542]

[541] Heidegger *GA* 2: 411.
[542] Heideggers Worte sind überliefert von Jean Beaufret (Beaufret (1976): 17).

Bibliographie

Aristoteles (1978), *Werke*, griechisch und deutsch und mit sacherklärenden Anmerkungen, Bd. 6: *Politik*, Teil 1, griech. und dt. hg. von F. Susemihl (Aalen) (Neudr. der Ausg. Leipzig 1879)

Aristoteles (1989), *Metaphysik*, Griechisch-Deutsch, Neubearb. der Übers. von H. Bonitz, mit Einl. und Komm. hg. von H. Seidl, griechischer Text in der Ed. von W. Christ, Erster Halbband: Bücher I(A)–VI(E) (3., verb. Aufl. Hamburg)

Aristoteles (1991), *Metaphysik*, Griechisch-Deutsch, Neubearb. der Übers. von H. Bonitz, mit Einl. und Komm. hg. von H. Seidl, griechischer Text in der Ed. von W. Christ, Zweiter Halbband: Bücher VII(Z)–XIV(N) (3., verb. Aufl. Hamburg)

Aristoteles (1995), *Über die Seele [De anima]*, Griechisch-Deutsch, mit Einl., Übers. (nach W. Theiler) und Komm. hg. von H. Seidl, griech. Text in der Ed. von W. Biehl und O. Apelt (Hamburg)

Aristoteles (1997), *Topik. Topik, neuntes Buch oder Über die sophistischen Widerlegungsschlüsse*, griechisch-deutsch, hg., übers., mit Einl. und Anm. vers. von H. G. Zekl (Hamburg)

Aristoteles (2021), *Physikvorlesung*, Teilband I: Bücher I–IV, Griechisch-Deutsch, mit einer Einl., Literaturverz. und Anm. hg. von G. Heinemann (Hamburg)

Aubenque, P. (éd.) (1987), *Études sur Parménide* (Publ. sous la direction de P. Aubenque), Tom. I: *Le Poème de Parménide*, texte, traduction, essai critique par D. O'Brien (Paris)

Beaufret, J. (1976), *Wege zu Heidegger* (Frankfurt a. M.)

Beierwaltes, W. (1995), *Heideggers Rückgang zu den Griechen* (Sitzungsberichte der Bayerischen Akademie der Wissenschaften, Philosophisch-Historische Klasse, Jg. 1995, H. 1) (München)

Bergk, T. (1886), *Kleine philologische Schriften*, hg. von R. Peppmüller, Bd. II (Halle a. S.)

Boethius, A. M. S. (1988), *Die Theologischen Traktate*, lateinisch-deutsch, übers., eingel. und mit Anm. vers. von M. Elsässer (Hamburg)

Bormann, K. (1971), *Parmenides. Untersuchungen zu den Fragmenten* (Hamburg)

Brach, M. J. (1996), *Heidegger – Platon. Vom Neukantianismus zur existentiellen Interpretation des „Sophistes“* (Würzburg)

Bremmers, C. (2004), ‚Schriftenverzeichnis (1909–2004)' in: *Heidegger und die Anfänge seins Denkens* (*Heidegger-Jahrbuch* 1), hg. von A. Denker, H.-H. Gander, H. Zaborowski (Freiburg – München), 419–598

Burnet, J. (1913), *Die Anfänge der griechischen Philosophie*, 2. Ausg. aus dem Engl. übers. von E. Schenkl (Leipzig – Berlin)

Caputo, A. (2001), *Vent'anni di recezione heideggeriana (1979–1999). Una bibliografia* (Milano)

Cesarone, V. [u. a.] (Hg.) (2015), *Heidegger und die technische Welt* (*Heidegger-Jahrbuch* 9, hg. von A. Denker und H. Zaborowski) (Freiburg – München)

Ciccarelli, P. (2008), ‚Heideggers Destruktion der ontologischen Differenz', in: *Denkspuren. Festschrift für H. Hüni*, hg. von O. Cosmus und F. A. Kurbacher (Würzburg), 169–183 (Revidiert vorgesehen in: *Heidegger Studies* 41 (2025))

Cicero, M. T. (1996), *Vom Wesen der Götter [De natura deorum]*, lateinisch-deutsch, hg., übers und komm. von O. Gigon und L. Straume-Zimmermann (Zürich – Düsseldorf)

Cordero, N.-L. (1987), ‹ L'histoire du texte de Parménide ›, in: *Études sur Parménide*, publ. sous la direction de P. Aubenque, Tom. II: *Problèmes d'interprétation* (Paris), 3–24

Cordero, N.-L. (2005), 'Parmenides Bibliography' (URL, abgerufen am 1. Juni 2024: https://www.parmenides.com/images/pdfs/Pbib29Apr05online.pdf)

Coxon, A. H. (2009), *The Fragments of Parmenides. A Critical Text with Introduction and Translation, the Ancient Testimonia and a Commentary*, ed. with New Translations by R. McKirahan, with a New Preface by M. Schofield (Rev. and expanded ed. Las Vegas – Zurich – Athens)

De Gennaro, I. (2001), *Logos – Heidegger liest Heraklit* (Berlin)

Diels, H. (1922), *Die Fragmente der Vorsokratiker*, griechisch und deutsch, Bd. I, (4. Aufl. Berlin) (Abdruck der 3. Aufl. Berlin 1912 mit Nachträgen)

Diels, H. (2003), *Parmenides Lehrgedicht*, griechisch und deutsch (2. Aufl., mit einem neuen Vorw. von W. Burkert, Sankt Augustin)

Diels, H. – Kranz, W. (Hg.) (1951–1952), *Die Fragmente der Vorsokratiker*, griechisch und deutsch, Bd. I–III (6., verb. Aufl. Berlin, weitere Aufl. unverändert)

Emad, P. (1999), 'The Place of the Presocratics in Heidegger's *Beiträge zur Philosophie*', in: *The Presocratics after Heidegger*, ed. by D. C. Jacobs (Albany, NY), 55–71

Figal, G. (2007), ‚Einleitung', in: *Heidegger-Lesebuch*, hg. und mit einer Einl. von G. Figal (Frankfurt a. M.), 9–43

Figal, G. (2020), *Martin Heidegger zur Einführung* (8., erg. Aufl. Hamburg)

Fink, E. (1957), *Zur Ontologischen Frühgeschichte von Raum – Zeit – Bewegung* (Den Haag)

Frings, M. S. (1988), 'Parmenides: Heidegger's 1942–1943 Lecture Held at Freiburg University', in: *Journal of the British Society for Phenomenology* 19, 15–33

Frings, M. S. (1991), 'Heidegger's Lectures on Parmenides and Heraclitus (1942–1944)', in: *Journal of the British Society for Phenomenology* 22, 197–199

Frisk, H. (1973), *Griechisches etymologisches Wörterbuch*, Bd. I–III (2., unveränderte Aufl. Heidelberg)

Fritz, K. von (1943/1945/1946), ‚Die Rolle des νοῦς', in: Gadamer, H.-G. (Hg.) (1968), 246–363

Gadamer, H.-G. (Hg.) (1968), *Um die Begriffswelt der Vorsokratiker* (Darmstadt)

Gadamer, H.-G. (1985), *Griechische Philosophie II* (*Gesammelte Werke*, Bd. 6) (Tübingen)

Gadamer, H.-G. (1990), *Hermeneutik I: Wahrheit und Methode. Grundzüge einer philosophischen Hermeneutik* (*Gesammelte Werke*, Bd. 1) (6., durchges. Aufl. Tübingen)

Gadamer, H.-G. (1991), *Griechische Philosophie III* (*Gesammelte Werke*, Bd. 7) (Tübingen)

Gadamer, H.-G. (1996), *Der Anfang der Philosophie*, aufgrund der Übers. aus dem Italienischen von J. Schulte vom Autor rev. Fassung (Stuttgart)

Gigon, O. (1968), *Der Ursprung der griechischen Philosophie. Von Hesiod bis Parmenides* (2. Aufl. Basel – Stuttgart)

Göldel, R. W. (1935), *Die Lehre von der Identität in der deutschen Logik-Wissenschaft seit Lotze. Ein Beitrag zur Geschichte der modernen Logik und philosophischen Systematik* (Leipzig)

Gomperz, T. (1973), *Griechische Denker. Eine Geschichte der antiken Philosophie*, Bd. I (Berlin) (Nachdr. der 4. Aufl. Berlin – Leipzig 1922)

Grimm, J. – Grimm, W. (1999), *Deutsches Wörterbuch*, Bd. 1–33 (München) (Fotomechan. Nachdr. der Erstausg. 1862–1984)

Günther, H.-C. (1997), ‚Der Satz des Parmenides von der Identität von Denken und Sein', in: *Studi Italiani di filologia classica* 15, 135–175

Günther, H.-C. (1998), *Aletheia und Doxa. Das Proömium des Gedichts des Parmenides* (Berlin)

Günther, H.-C. (2001), *Grundfragen des griechischen Denkens. Heraklit, Parmenides und der Anfang der Philosophie in Griechenland* (Würzburg)

Günther, H.-C. (2017), ‚Heidegger und Parmenides', in: H. Seubert – K. Neugebauer (Hg.), *Auslegungen. Von Parmenides bis zu den Schwarzen Heften* (Freiburg – München), 91–104

Harries, K. (1996), ‚Herkunft als Zukunft', in: *Annäherungen an Martin Heidegger. Festschrift für H. Ott zum 65. Geburtstag*, hg. von H. Schäfer (Frankfurt a. M. – New York)

Hegel, G. W. F. (1969–1979), *Werke* (in zwanzig Bänden), auf der Grundlage der *Werke* von 1832–1845 neu edierte Ausgabe, Redaktion E. Moldenhauer und K. M. Michel (Frankfurt a. M.)

Hegel, G. W. F. (1971), *Jenaer Systementwürfe* II, hg. von R.-P. Horstmann und J. H. Trede (*Gesammelte Werke*, hg. im Auftr. der Deutschen Forschungsgemeinschaft, Bd. 7) (Hamburg)

GA 2 = Heidegger, M. (1977), *Sein und Zeit* (Frankfurt a. M.)

GA 3 = Heidegger, M. (2010), *Kant und das Problem der Metaphysik* (2. Aufl. Frankfurt a. M.)

GA 5 = Heidegger, M. (2003), *Holzwege* (2., unveränderte Aufl. Frankfurt a. M.)

GA 7 = Heidegger, M. (2000), *Vorträge und Aufsätze* (Frankfurt a. M.)

GA 8 = Heidegger, M. (2002), *Was heißt Denken?* (Frankfurt a. M.)

GA 9 = Heidegger, M. (2004), *Wegmarken* (3. Aufl. Frankfurt a. M.)

GA 11 = Heidegger, M. (2006), *Identität und Differenz* (Frankfurt a. M.)

GA 12 = Heidegger, M. (2018), *Unterwegs zur Sprache* (2. Aufl. Frankfurt a. M.)

GA 14 = Heidegger, M. (2007), *Zur Sache des Denkens* (Frankfurt a. M.)

GA 15 = Heidegger, M. (2005), *Seminare* (2., durchges. Aufl. Frankfurt a. M.)

GA 17 = Heidegger, M. (2006), *Einführung in die phänomenologische Forschung* (2., unveränderte Aufl. Frankfurt a. M.)

GA 19 = Heidegger, M. (2018), *Platon: Sophistes* (2., durchges. Aufl. Frankfurt a. M.)

GA 20 = Heidegger, M. (1994), *Prolegomena zur Geschichte des Zeitbegriffs* (3., durchges. Aufl. Frankfurt a. M.)

GA 21 = Heidegger, M. (1995), *Logik. Die Frage nach der Wahrheit* (2., durchges. Aufl. Frankfurt a. M.)

GA 22 = Heidegger, M. (2004), *Die Grundbegriffe der antiken Philosophie* (2. Aufl. Frankfurt a. M.)

GA 24 = Heidegger, M. (1997), *Die Grundprobleme der Phänomenologie* (3. Aufl. Frankfurt a. M.)

GA 25 = Heidegger, M. (1995), *Phänomenologische Interpretation von Kants Kritik der reinen Vernunft* (3. Aufl. Frankfurt a. M.)

GA 26 = Heidegger, M. (2007), *Metaphysische Anfangsgründe der Logik im Ausgang von Leibniz* (3., durchges. Aufl. Frankfurt a. M.)

GA 28 = Heidegger, M. (2011), *Der deutsche Idealismus (Fichte, Schelling, Hegel) und die philosophische Problemlage der Gegenwart* (2., unveränderte Aufl. Frankfurt a. M.)

GA 29/30 = Heidegger, M. (2004), *Die Grundbegriffe der Metaphysik. Welt – Endlichkeit – Einsamkeit* (3. Aufl. Frankfurt a. M.)

GA 31 = Heidegger, M. (1994), *Vom Wesen der menschlichen Freiheit. Einleitung in die Philosophie* (2., durchges. Aufl. Frankfurt a. M.)

GA 34 = Heidegger, M. (1997), *Vom Wesen der Wahrheit. Zu Platons Höhlengleichnis und Theätet* (2., durchges. Aufl. Frankfurt a. M.)

GA 35 = Heidegger, M. (2012), *Der Anfang der abendländischen Philosophie. Auslegung des Anaximander und Parmenides* (Frankfurt a. M.)

GA 39 = Heidegger, M. (2022), *Hölderlins Hymnen „Germanien" und „Der Rhein"* (4., durchges. und erg. Aufl. Frankfurt a. M.)

GA 40 = Heidegger, M. (2020), *Einführung in die Metaphysik* (2., durchges. Aufl. Frankfurt a. M.)

GA 54 = Heidegger, M. (2018), *Parmenides* (3., durchges. Aufl. Frankfurt a. M.)

GA 55 = Heidegger, M. (1994), *Heraklit* (3. Aufl. Frankfurt a. M.)

GA 62 = Heidegger, M. (2005), *Phänomenologische Interpretationen ausgewählter Abhandlungen des Aristoteles zur Ontologie und Logik* (Frankfurt a. M.)

GA 63 = Heidegger, M. (2018), *Ontologie (Hermeneutik der Faktizität)* (3. Aufl. Frankfurt a. M.)

GA 64 = Heidegger, M. (2004), *Der Begriff der Zeit* (Frankfurt a. M.)

GA 65 = Heidegger, M. (2003), *Beiträge zur Philosophie (Vom Ereignis)* (3., unveränderte Aufl. Frankfurt a. M.)

GA 66 = Heidegger, M. (1997), *Besinnung* (Frankfurt a. M.)

GA 68 = Heidegger, M. (2009), *Hegel* (2. Aufl. Frankfurt a. M.)

GA 79 = Heidegger, M. (2005), *Bremer und Freiburger Vorträge* (2., durchges. Aufl. Frankfurt a. M.)

GA 80.1 = Heidegger, M. (2016), *Vorträge*, Teil 1: *1915–1932* (Frankfurt a. M.)

GA 80.2 = Heidegger, M. (2020), *Vorträge*, Teil 2: *1935–1967* (Frankfurt a. M.)

GA 82 = Heidegger, M. (2018), *Zu eigenen Veröffentlichungen* (Frankfurt a. M.)

GA 84.2 = Heidegger, M. (2023), *Seminare: Kant – Leibniz – Schiller*, Teil 2: *Sommersemester 1936 bis Sommersemester 1942* (Frankfurt a. M.)

GA 86 = Heidegger, M. (2011), *Seminare: Hegel – Schelling* (Frankfurt a. M.)

GA 87 = Heidegger, M. (2004), *Nietzsche: Seminare 1937 und 1944* (Frankfurt a. M.)

GA 89 = Heidegger, M. (2018), *Zollikoner Seminare* (Frankfurt a. M.)

GA 91 = Heidegger, M. (2022), *Ergänzungen und Denksplitter* (Frankfurt a. M.)

GA 99 = Heidegger, M. (2019), *Vier Hefte I und II (Schwarze Hefte 1947–1950)* (Frankfurt a. M.)

GA 102 = Heidegger, M. (2022), *Vorläufiges I–IV (Schwarze Hefte 1963–1970)* (Frankfurt a. M.)

Heidegger, M. (1998), ‚Aufzeichnungen zur Temporalität (Aus den Jahren 1925 bis 1927)', hg. von C. Strube, in: *Heidegger Studies* 14, 11–23

Heidegger, M. (2005), ‚Der Satz der Identität' (Compact Disc (CD)) (4. Aufl. Stuttgart)

Heinimann, F. (1965), *Nomos und Physis. Herkunft und Bedeutung einer Antithese im griechischen Denken des 5. Jahrhunderts* (Basel)

Held, K. (1980), *Heraklit, Parmenides und der Anfang von Philosophie und Wissenschaft. Eine phänomenologische Besinnung* (Berlin – New York)

Helting, H. (1997), ‚ἀ-λήθεια-Etymologien vor Heidegger im Vergleich mit einigen Phasen der ἀ-λήθεια-Auslegung bei Heidegger', in: *Heidegger Studies* 13, 93–107

Herrmann, F.-W. von (1964), *Die Selbstinterpretation Martin Heideggers* (Meisenheim am Glan)

Herrmann, F.-W. von (1994), *Heideggers Philosophie der Kunst. Eine systematische Interpretation der Holzwege-Abhandlung „Der Ursprung des Kunstwerkes"* (2., überarb. und erw. Aufl. Frankfurt a. M.)

Herrmann, F.-W. von (2012), ‚Fundamentalontologie – Metontologie und die existenziale Anthropologie', in: *Den Menschen im Blick. Phänomenologische Zugänge. Festschrift für G. Pöltner zum 70. Geburtstag*, hg. von R. Esterbauer und M. Ross (Würzburg), 41–60

Herrmann, F.-W. v. (2019), *Transzendenz und Ereignis. Heideggers „Beiträge zur Philosophie (Vom Ereignis)". Ein Kommentar* (Würzburg)

Hölderlin (1951), *Sämtlich Werke*, Bd. 2, 1, hg. von F. Beißner (Große Stuttgarter Ausgabe) (Stuttgart)

Homer (2013), *Ilias*, griechisch-deutsch, übertr. von H. Rupé, mit Urtext, Anhang und Registern (16. Aufl. Berlin)

Husserl, E. (1962), *Die Krisis der europäischen Wissenschaften und die transzendentale Phänomenologie. Eine Einleitung in die phänomenologische Philosophie*, hg. von W. Biemel (*Husserliana*, Bd. VI) (2. Aufl. Haag)

Husserl, E. (1968), *Phänomenologische Psychologie. Vorlesungen Sommersemester 1925*, hg. von W. Biemel (*Husserliana*, Bd. IX) (2. Aufl. Den Haag)

Husserl, E. (1976), *Ideen zu einer reinen Phänomenologie und phänomenologischen Philosophie*, I. Buch: *Allgemeine Einführung in die reine Phänomenologie*, neu hg. von K. Schuhmann, 1. Halbband, Text der 1.–3. Aufl. (*Husserliana*, Bd. III/1) (Den Haag)

Iber, C. (2013), ‚Interpretationen zur Vorsokratik. Frühgriechisches Denken und Heideggers Projektionen', in: D. Thomä (Hg.), *Heidegger-Handbuch. Leben – Werk – Wirkung* (2., überarb. und erw. Aufl. Stuttgart – Weimar), 200–209

Jaeschke, W. (2016), *Hegel-Handbuch. Leben – Werk – Schule* (3. [aktualisierte] Aufl. Stuttgart)

Jaran, F. – Perrin, C. (2013), *The Heidegger Concordance*, Vol. 3: *Indices* (London [u. a.])

Kant, I. (1976), *Kritik der reinen Vernunft*, nach der ersten [A] und zweiten [B] Original-Ausgabe neu hg. von R. Schmidt (Hamburg) (Durchges. Nachdr. der Ausg. Leipzig 1926)

Kirk, G. S. – Raven, J. E. – Schofield, M. (1994), *Die vorsokratischen Philosophen. Einführung, Texte und Kommentare*, übers. von K. Hülser (Stuttgart – Weimar)

Koch, D. (2007), ‚›Das erbringende Eignen‹. Zu Heideggers Konzeption des Eigenwesens im ›Ereignis-Denken‹', in: *Das Spätwerk Heideggers. Ereignis – Sage – Geviert*, hg. von D. Barbarić (Würzburg), 95–10.

Kralle, N. (2008), ‚Martin Heidegger und Parmenides: Der Prüfstein des Denkens und die Moira', in: *Denkspuren. Festschrift für H. Hüni*, hg. von O. Cosmus und F. A. Kurbacher (Würzburg), 229–240

Kranz, W. (1916), ‚Über Aufbau und Bedeutung des Parmenideischen Gedichtes', in: *Sitzungsberichte der Königlich Preußischen Akademie der Wissenschaften* XLVII, 2. Halbband (Gesamtsitzung vom 16. November 1916) (Berlin), 1157–1176

Kühner, R – Gerth, B. (1976), *Ausführliche Grammatik der griechischen Sprache*, Teil II: *Satzlehre*, Bd. 2 (Hannover) (Unveränderter reprograf. Nachdr. der 3. Aufl. Hannover – Leipzig 1904)

Kulenkampff, A. (2001), *Esse est percipi. Untersuchungen zur Philosophie George Berkeleys* (Basel)

Leibniz, G. W. (1978), *Die philosophischen Schriften*, hg. von C. I. Gerhardt, Bd. I–VII (Hildesheim – New York) (Unveränd. Nachdr. der Ausg. Berlin 1875–1890)

Leibniz, G. W. (2009), *Sämtliche Schriften und Briefe*, hg. von der Berlin-Brandenburgischen Akademie der Wissenschaften und der Akademie der Wissenschaften in Göttingen, II. Reihe, 2. Band (Berlin)

Lotze, H. (1928), *Logik. Drei Bücher vom Denken, vom Untersuchen und vom Erkennen*, Erstes Buch: *Vom Denken (Reine Logik)*, hg. und eingel. von G. Misch (2. Aufl. Leipzig) (Nachdr. des Ersten Buchs, mit einer Einl. neu hg. von G. Gabriel, Hamburg 1989)

Maly, K. (1985), 'Parmenides: Circle of Disclosure, Circle of Possibility', in: *Heidegger Studies* 1, 5–23

Mansfeld, J. (1964), *Die Offenbarung des Parmenides und die menschliche Welt* (Assen)

Marcinkowska-Rosól, M. (2007), ‚Zur Syntax von Parmenides Fr. 1.31–32', in: *Hermes. Zeitschrift für klassische Philologie* 135, 134–148

Marsoner, A. (1976–1978), ‹La struttura del Proemio di Parmenide›, in: *Annali dell'Istituto Italiano per gli Studi Storici* 5, 127–181

Marten, R. (1990), ‚Heidegger liest Parmenides', in: *Allgemeine Zeitschrift für Philosophie* 15, H. 3, 1–15.

Marten, R. (1991), *Heidegger lesen* (München)

Navia, L. E. (1993), *The Presocratic Philosophers. An Annotated Bibliography* (New York – London)

Neumann, G. (2006a), ‚Heideggers frühe Parmenides-Auslegung', in: *Heidegger und die Antike*, hg. von H.-C. Günther und A. Rengakos (München) (ZETEMATA, H. 126), 133–173 (Revidiert in: Neumann (2024), Text Nr. 14)

Neumann G. (2006b), *Der Anfang der abendländischen Philosophie. Eine vergleichende Untersuchung zu den Parmenides-Auslegungen von Emil Angehrn, Günter Dux, Klaus Held und dem frühen Martin Heidegger* (Berlin) (Besprechung von Helmuth Vetter in: *Philosophischer Literaturanzeiger* 60 (2007), 105–110)

Neumann, G. (2009a), ‚Der Weg ins Ereignis nach Heideggers Vortrag ›Der Satz der Identität‹', in: *Heidegger Studies* 25, 157–189 (Revidiert in: Neumann (2024), Text Nr. 15)

Neumann, G. (2009b), ‚Denken – Glauben – Dichten – Dialogisches Deuten. Sein als Anwesen und Poiesis' (Essay in Interpretation), in: *Heidegger Studies* 25, 255–265 (Revidiert auszugsweise in: Neumann (2024), Text Nr. 15, Anhang)

Neumann, G. (2017), ‚Die Gesamtinterpretation der ›Monadologie‹ in Heideggers Leibniz-Seminar vom Wintersemester 1935/36', in: *Heidegger Studies* 33, 27–75 (Revidiert in: Neumann (2024), Text Nr. 5)

Neumann, G. (2020); *Heidegger und Leibniz* (*Das Denken Martin Heideggers* II 2, hg. von H.-C. Günther) (Nordhausen)

Neumann, G. (2023), ‚Phänomenologie der Zeit und der Zeitlichkeit bei Husserl und Heidegger', in: *Heidegger Studies* 39, 151–208 (Revidiert in: Neumann (2024), Text Nr. 6)

Neumann, G. (2024), *Phänomenologische Untersuchungen. Zum Begriff von Natur – Raum – Zeit, zur Geschichte des Seins, zur Kunst und Technik, zur Ethik und Freiheit* (Neuere Phänomenologie, Bd. 7) (Berlin, in Vorbereitung)

Noveanu, A. (2019), ‚›Sein und Zeit‹ und ›Die Zollikoner Seminare‹', in: H. Seubert (Hg.), *Neunzig Jahre ‚Sein und Zeit'. Die fundamentalontologische Frage nach dem Sinn von Sein* (Freiburg – München), 220–238

Pape, W. (1914), *Griechisch-deutsches Handwörterbuch*, Bd. 1–2 (3. Aufl., bearb. von M. Sengebusch, 6. Abdr. Braunschweig)

Parmenides (1965), A Text with Translation, Commentary, and Critical Essays by L. Tarán (Princeton – New Jersey)

Parmenides (1995), *Die Fragmente*, griechisch-deutsch, hg., übers. und erl. von E. Heitsch (3., aberm. durchges. und erw. Aufl. Zürich)

Parmenides (2001), Übersetzung, Einführung und Interpretation von K. Riezler, bearb. und mit einem Nachw. von H.-G. Gadamer (3., unveränderte Aufl. Frankfurt a. M.)

Parmenides (2014), *Vom Wesen des Seienden. Die Fragmente*, Griechisch-Deutsch, auf der Grundlage der Ed. von U. Hölscher mit einer Einl. neu hg. von A. Reckermann (Hamburg)

Parmenides (2016), *Sein und Welt. Die Fragmente*, neu übers. und komm. von H. Vetter (Freiburg – München)

Parmenides (2019), *Über das Sein*, Griechisch/Deutsch, mit einem einf. Essay hg. von H. von Steuben (Ditzingen – Stuttgart)

Pfeifer, W. (2010), *Etymologisches Wörterbuch des Deutschen* (Erarbeitet unter der Leitung von W. Pfeifer) (Lizenzausg. Koblenz)

Picht, G. (1996), *Vorlesungen und Schriften*, Teil: *Die Fundamente der griechischen Ontologie*, mit einer Einf. von H. Flashar (Studienausg. Stuttgart)

Picht, G. (2004), ‚Die Epiphanie der Ewigen Gegenwart: Wahrheit, Sein und Erscheinung bei Parmenides', in: Ders., *Wahrheit, Vernunft, Verantwortung. Philosophische Studien* (3. Aufl. Stuttgart), 36–86

Platon (1990a), *Werke in acht Bänden*, griechisch und deutsch, hg. von G. Eigler (Darmstadt)

Platon (1990b), *Der Sophist*, Griechisch/Deutsch, Einl., Übers. und Komm. von H. Meinhardt (Stuttgart)

Platon (1992), *Timaios*, Griechisch-deutsch, hg., übers., mit einer Einl. und mit Anm. vers. von H. G. Zekl (Hamburg)

Platon (2001), *Parmenides*, Griechisch/Deutsch, übers. und hg. von E. Martens (Bibl. erg. Ausg. Stuttgart)

Platon (2020), *Theätet*, Griechisch/Deutsch, übers. und hg. von E. Martens (Ditzingen)

Pöggeler, O. (1990), *Der Denkweg Martin Heideggers* (3., erw. Aufl. Pfullingen)

Reinhardt, K. (2012), *Parmenides und die Geschichte der griechischen Philosophie* (5., unveränderte Aufl. Frankfurt a. M.)

Ritter, J. [u. a.] (Hg.) (1971–2007), *Historisches Wörterbuch der Philosophie*, Bd. 1–13 (Darmstadt)

Röd, W. (2009), *Die Philosophie der Antike* 1: *Von Thales bis Demokrit* (*Geschichte der Philosophie*, hg. von W. Röd, Bd. I) (3., überarb. und aktualisierte Aufl. München)

Sandkühler, H. J. (Hg.) (2010), *Enzyklopädie Philosophie*, in drei Bänden mit einer CD-ROM (Hamburg)

Schalow, F. (1995), 'The Question of Identity and Its Recollection in Being's Historical Unfolding', in: *Heidegger Studies* 11, 151–165

Schleiermacher, F. D. E. (1995), *Hermeneutik und Kritik*, hg. und eingel. von M. Frank (6. Aufl. Frankfurt a. M.)

Schlüter, J. (1979), *Heidegger und Parmenides. Ein Beitrag zu Heideggers Parmenidesauslegung und zur Vorsokratiker-Forschung* (Bonn)

Schumacher, T. (1994), *Theodizee. Bedeutung und Anspruch eines Begriffs* (Frankfurt a. M. [u. a.])

Schüßler, I. (1993), ‚Gewissen und Wahrheit. Heideggers existenziale Analytik des Gewissens (*Sein und Zeit* §§ 54–62)', in: *Kategorien der Existenz. Festschrift für W. Janke*, hg. von K. Held und J. Hennigfeld (Würzburg), 327–349

Schüßler, I. (2019), ‚Die Lichtung des Seins aus der Zeit. Zu Heideggers Grundgedanken und seinen Wandlungen', in: H. Seubert (Hg.), *Neunzig Jahre „Sein und Zeit". Die fundamentalontologische Frage nach dem Sinn von Sein* (Freiburg – München), 43–81

Schwabl, H. (1953), ‚Sein und Doxa bei Parmenides', in: *Wiener Studien. Zeitschrift für klassische Philologie* 66, 50–75; revidiert in: Gadamer (Hg.) (1968), 391–422

Seubert, H. – Neugebauer, K. – Massa, M. (Hg.) (2021), *„... wo aber Gefahr ist ..." Heidegger und die Philosophie der planetarischen Technik*, (Freiburg – München)

Simplicius (1882), (Simplicii) *In Aristotelis Physicorum libros quattuor priores commentaria*, ed. H. Diels (Berolini) (*Commentaria in Aristotelem Graeca*, Vol. IX)

Simplicius (1894), (Simplicii) *In Aristotelis De Caelo commentaria*, ed. I. L. Heiberg (Berolini) (*Commentaria in Aristotelem Graeca*, Vol. VII)

Simplicius (1895), (Simplicii) *In Aristotelis Physicorum libros quattuor posteriorers commentaria*, ed. H. Diels (Berolini) (*Commentaria in Aristotelem Graeca*, Vol. X)

Snell, B. (1979), *Lexikon des frühgriechischen Epos*, vorber. und hg. vom Thesaurus Linguae Graecae, begründet von B. Snell, Bd. 1 (Göttingen)

Sophocles [Sophokles] (1985), *Dramen*, griechisch und deutsch, hg. und übers. von W. Willige, überarb. von K. Bayer, mit Anm. und einem Nachw. von B. Zimmermann (2. Aufl. München – Zürich)

Sorabji, R. (1983), *Time, Creation and the Continuum. Theories in Antiquity and the Early Middle Ages* (London)

Stein, H. (1867), ‚Die Fragmente des Parmenides περὶ φύσεως', in: *Symbola philologorum Bonnensium in honorem Friderici Ritschelii collecta*, Fasc. 2 (Lipsiae), 763–806

Steinmann, M. (2007), ‚Die Humanität des Seins. Das Denken des späten Heidegger und sein Verhältnis zu Parmenides', in: *Heidegger und die Griechen*, hg. von M. Steinmann (Frankfurt a. M.), 47–74

Stemich, M. (2008), *Parmenides' Einübung in die Seinserkenntnis* (Heusenstamm)

Thanassas, P. (1997), *Die erste „zweite Fahrt". Sein des Seienden und Erscheinen der Welt bei Parmenides* (München)

Thanassas, P. (2007), *Parmenides, Cosmos and Being. A Philosophical Interpretation* (Milwaukee, Wis.)

Theunissen, M. (1997), ‚Die Zeitvergessenheit der Metaphysik. Zum Streit um Parmenides, Fr. 8.5–6a', in: Ders., *Negative Theologie der Zeit* (3. Aufl. Frankfurt a. M.), 89–130

Thurnher, R. (2009), ‚*Zeit und Sein* im Licht der *Beiträge zur Philosophie*', in: *Heidegger Studies* 25, 79–114

Tugendhat, E. (1992), ‚Das Sein und das Nichts', in: Ders., *Philosophische Aufsätze* (Frankfurt a. M.), 132–161

Ueberweg, F. (1967), *Grundriß der Geschichte der Philosophie*, Bd. I: *Die Philosophie des Altertums*, hg. von K. Praechter (Basel – Stuttgart) (Nachdr. der 12., umgearb. und erw. Aufl. 1926)

Unruh, P. (2017), *Register zur Martin Heidegger Gesamtausgabe* (Frankfurt a. M.)

Uscatescu Barrón, J. (1992), *Die Grundartikulation des Seins. Eine Untersuchung auf dem Boden der Fundamentalontologie Martin Heideggers* (Würzburg)

Vaihinger, H. (1986), *Die Philosophie des Als Ob. System der theoretischen, praktischen und religiösen Fiktionen der Menschheit auf Grund eines idealistischen Positivismus* (Aalen) (Neudr. der 9./10. Aufl. Leipzig 1927)

Vallega-Neu, D. (2003), *Heidegger's Contributions to Philosophy. An Introduction* (Bloomington, Indianapolis)

Vetter, H. (2014), *Grundriss Heidegger. Ein Handbuch zu Leben und Werk* (Hamburg)

Volkmann-Schluck, K.-H. (1992), *Die Philosophie der Vorsokratiker. Der Anfang der abendländischen Metaphysik*, hg. von P. Kremer (Würzburg)

(Die) Vorsokratiker (2013), Bd. 2: *Parmenides, Zenon, Empedokles*, Griechisch-lateinisch-deutsch, Auswahl der Fragmente und Zeugnisse, Übers. und Erl. von M. L. Gemelli Marciano (3., überarb. Aufl. Berlin)

(Die) Vorsokratiker (2021), Griechisch/Deutsch, ausgewählt, übers. und erl. von J. Mansfeld und O. Primavesi (Überarb. und erw. Neuausg. Ditzingen)

White, D. A. (1980), 'Heidegger on Sameness and Difference', in: *Southwestern Journal of Philosophy* 9, 3, 107–125

Wiesner, J. (1987), ‚Überlegungen zu Parmenides B 8,34', in: *Études sur Parménide*, publ. sous la direction de P. Aubenque, Tom. II: *Problèmes d'interprétation* (Paris), 170–191

Wiesner, J. (1996), *Parmenides. Der Beginn der Aletheia. Untersuchungen zu B 2 – B 3 – B 6* (Berlin – New York)

Wilamowitz-Möllendorff, U. von (1899), ‚Lesefrüchte', in: *Hermes. Zeitschrift für classische Philologie* 34, 203–230

Windelband, W (1923), *Geschichte der abendländischen Philosophie im Altertum* (4., von A. Goedeckemeyer bearb. Aufl. München)

Wolff, C. (2005), *Erste Philosophie oder Ontologie [Philosophia Prima sive Ontologia] (§§ 1–78)*, Lateinisch-Deutsch, übers. und hg. von D. Effertz (Hamburg)

Zeller, E. (1963), *Die Philosophie der Griechen in ihrer geschichtlichen Entwicklung*, Teil I, 1. Abt.: *Allgemeine Einleitung. Vorsokratische Philosophie*, 1. Hälfte (7., unveränd. Aufl. Darmstadt) (Nachdr. der 6. Aufl., hg. von W. Nestle mit Unterstützung von F. Lortzing, Leipzig 1919)

Namensregister

Martin Heidegger und Parmenides, deren Namen den gesamten Text durchziehen, werden nicht berücksichtigt. Ebenfalls bleiben bloße Quellenhinweise und Literaturangaben in den Anmerkungen (Anm.) (Fußnoten) in der Regel unberücksichtigt.

Stellenregister

Die Fragmentordnung des parmenideischen Lehrgedichtes wird angegeben nach: Hermann Diels – Walther Kranz (Hg.), *Die Fragmente der Vorsokratiker*, griechisch und deutsch, Bd. I (6., verb. Aufl. Berlin 1951, weitere Aufl. unverändert), 217–246 (28 Parmenides, A. Leben und Lehre, B. Fragmente). Die Angabe B 1, 22 bedeutet z. B. Fragment B 1, Vers 22. (Martin Heidegger verwendet für die Fragmente (B) des Lehrgedichtes zum Teil römische Ziffern.)